挑戦者
いま、この時を生きる。

パラアスリートたちの言魂

フジテレビ
PARA☆DO!

さくら舎

はじめに

この本には〝生きる力〟が詰まっている――

「ＰＡＲＡ☆ＤＯ！」はパラスポーツを応援するフジテレビのプロジェクトとして、２０１６年４月に立ち上がりました。毎週水曜日よる10時54分からフジテレビで放送している「ＰＡＲＡ☆ＤＯ！ ～その先の自分（ヒーロー）へ～」では、放送開始以来80名以上のパラアスリートの皆様に出演いただきました。また、イベント「ＰＡＲＡ☆ＤＯ！トーク&ライブ」も、アスリートに直に触れ合いパラスポーツを体感できる場としてご好評を得ております。

２０２０年東京オリンピック・パラリンピックが決まってから、〝パラスポーツには社会を変える力がある〟とよく言われています。

実際に社会が〝こう変わった〟という実感を得るには、もちろんもっともっと時間がかかることだと思いますが、誰もが互いに認め合っていきいきと生活のできる共生社会の実現のために、私たち一人ひとり何ができるのか、今社会では何が必要とされているのか。

日々考え、身近なところから行動に移すことがまずは大事だと考えております。

パラアスリートの皆様は障がいを持ちつつ、厳しい競技の世界に身を置き、心身共に自らを鍛え上げ、その先の〝理想の自分像〟を追い求めて日々挑み続けています。

彼らは、自分の力を最大限に引き出すことの大切さ、前向きに生きることの素晴らしさを教えてくれます。彼らの言葉には〝チカラ〟が宿っています。


出演した選手の皆様の〝言葉のチカラ〟。

「ＰＡＲＡ☆ＤＯ！」ではその言葉のチカラを「言魂（ことだま）」と名付け、取材を通じて出合った「言魂」の裏側にある人生、思い、ドラマをこのたび書籍としてまとめました。

「ＰＡＲＡ☆ＤＯ！」というネーミングには、みんながＰＡＲＡに関して何かアクション（ＤＯ）していこう！という思いが込められています。

「挑戦者　いま、この時を生きる。――パラアスリートたちの言魂」

読む方にとって少しでも明日を生きるチカラとなり、その〝気づき〟が何かを変えるきっかけとなることを願っております。さらに、２０２０年東京大会へと続くパラスポーツムーブメントの気運醸成、その先の共生社会の実現に向けた一助となれば幸いです。

フジテレビ　ＰＡＲＡ☆ＤＯ！　プロデューサー　植村敦

目次◆挑戦者 いま、この時を生きる。
——パラアスリートたちの言魂

エースの言魂

若きアスリート

世界の実力者

ファンタジスタ

不屈の言魂

挑戦者　いま、この時を生きる。

——パラアスリートたちの言魂

エースの言魂

世界のクニエダ
国枝慎吾
車いすテニス

**勝つ喜びを知ってしまったら、
またそれを求めてしまう
東京で最後に最高のガッツポーズをしたい**

「何を言っているんだ。日本にはクニエダがいるじゃないか」

健常者テニス史上最高選手の呼び声高いロジャー・フェデラー（スイス）の言葉だ。ウィンブルドン男子シングルス5連覇、全米オープン（ＯＰ）同5連覇など数々の偉業を成し遂げた名プレーヤーは「なぜ日本のテニス界には世界的な選手が出てこないのか」と質問された際に、そう答えたという。

無敵。車いすテニスプレーヤーの国枝慎吾は、究極のステージにたどり着いたアスリートの1人だ。

©Kenji Kinoshita

パラリンピックのシングルス優勝2回、ダブルス優勝1回。大会のグレードにおいて頂点に位置するグランドスラムのシングルスは全豪OP優勝8回、全仏OP優勝6回、全米OP優勝6回。英国で行われるウィンブルドンにシングルスが導入された2016年までに、1年間でメジャー大会を全て制覇する年間グランドスラムは07、09、10、14、15年の5度達成した。

08〜10年にかけて成し遂げたシングルス107連勝は「車いすテニスシングルス（男子）最多連勝記録」としてギネス世界記録に認定されている。

強さのベースは「速さ」だ。

驚異的なスピードでコートを駆けめぐる。厳しいコースに決まったはずの相手のショットに追いつき、観客をどよめかせるプレーは日常茶飯事。ダブルスの試合では、味方を含めた他の3選手に比べ、1人だけ早回しのように見えるほどだ。

急停止や旋回、細かい方向転換といったチェアワークも超一流。小回りを利かせるため車輪がハの字形になっている競技用の車いすを自在に使いこなす。ストロークごとに車いすをくるりと回転させて、前後左右に俊敏に移動。ボールに追いつくため、打球から完全に目を離して落下地点へ一直線に車いすを走らせる技術もお手の物だ。

健常者テニスとルールにおける最大の違いは、2バウンドで返球が認められている点。ところが、国枝は打球の7～8割を1バウンドで返す。相手は返球への準備や組み立ての時間が奪われることになる。車いすを扱う技術を生かした攻撃的なスタイルだ。


十八番の原点が培われたのは幼少時代。9歳の頃、脊髄腫瘍を発病し、車いすユーザーとなった。2年後、母の勧めで車いすテニスと出合うが、当初は健常者の友人たちと楽しむバスケットボールに夢中だった。

車いすごと相手に倒されることもしょっちゅうだった。しかし、負けず嫌いだった少年は必死に考えた。「どうすれば、車いすでうまくバランスを取って相手をかわせるか」。そんな毎日を送る中で、スポーツにおける車いす操作を自然と身につけていった。


世界一と称されるチェアワークは、ショットにも強力な武器をもたらした。

利き腕の右腕から放たれる、バックハンドのトップスピン（順回転）だ。上から下へのスピンがかけられたボールはバウンドすると高く弾み、相手にとって打ちにくいコースを襲う。

車いすの選手がバックハンドでトップスピンをかけることは難しいとされていた。順回転をかけるには上半身と腕の力が重要となる。しかし、車いすテニスでは片腕が車いすの操作に取られるため、健常者のように両手を使ってバックハンドを打つことができない。また、ボールに対してほぼ横を向き、しっかりと肩を入れてスイングしないと敵の脅威となるスピンがかからないためだ。

そんな壁を、一流の車いす操作で乗り越えた。打球に素早く反応して理想的なポジションに回り込み、体をひねる。十分に「ため」をつくり、力強いスイングを生み出すことで片手バックハンドのトップスピンを実現させた。

06年頃から挑戦し、成功にこぎつけたこの技術は後に男子選手のスタンダードとなったが、巧みなチェアワークとバックハンドのトップスピンを両輪に、連勝街道を突き進んだ。

16年初めまでの約10年、世界ランキング1位をほぼ譲らなかった。

王者の圧倒的な実力とオーラに、対戦相手はたじろいだ。

「俺は最強だ！」

試合で使用するラケットやマウスピースにも、そう刻んでいた。

確かに、国枝は最強――だった。

16年リオ。チャンピオンの風格は消えていた。

08年北京、12年ロンドンに続き、パラリンピックのシングルス3連覇という快挙が達成されるはずだった。

それだけ15年は充実していた。5度目となるシングルスの年間グランドスラムを達成。ダブルスでも全豪、全仏OPを制覇した。のちに、リオへの準備を進める中で「15年にパラリンピックがあったら」と何度も思った。

右ひじに違和感を覚えたのは15年秋。全米OPを制して間もなくだった。

古傷が再発した。「右上腕骨外側上顆炎《がいそくじょうかえん》」、いわゆるテニスひじだ。12年ロンドンの前にも右ひじを手術した。原因は、皮肉にも武器であるバックハンド。右腕をひねるようにして打つトップスピンが、ひじに大きな負担をかけていたのだ。

痛みをごまかしながらプレーを続けたが、16年1月の全豪OP時に本格的な痛みが出て、グランドスラム初の初戦敗退。世界ランク1位からも陥落した。さまざまな治療を試みたが完治には至らず、4月に内視鏡手術に踏み切った。

ロンドン時は順調に回復し、金メダルにたどり着いた。今回も、同じ青写真で描いた選択肢だった。

5月に復帰するも、ひじに水がたまる状態が続いた。6月には痛みが再発。そこから1カ月以上、ラケットを握らないリハビリを余儀なくされた。

〝王者のテニス〟を披露できる状態ではなかった。本番前に出場できた試合は、リオに乗り込む前にカナダで行われた大会のみ。試合勘を取り戻すことはできなかった。

世界ランキング6位で迎えたリオ。強さを支えた打球への反応、いつもならピタリと当たる三手先の読みが明らかに鈍っていた。打ちやすいポジションに回り込めず、力強いトップスピンをかけるための「ため」もつくれない。そんなゲームが続いた。

少しでも状態を上げようと、試合後も即練習。プライドをかなぐり捨て、全力で打ち込みを重ねた。

綱渡りながら予選を突破。しかし、〝本物〟が集う決勝トーナメントは甘くなかった。準々決勝で、当時世界ランク2位のヨアキム・ジェラール（ベルギー）に圧倒された。3—6、3—6のストレート負け。時速150㎞を超えるサーブ、パワフルなショットを前になすすべがなかった。

試合中に何度も見せた苦渋の表情が、コンディションの悪さを物語っていた。パラリンピックのシングルスでの敗戦は、実に12年ぶりだった。


リオから帰国後、ドクターストップがかかり、16年11月から休養に入った。練習を再開した時期は17年2月。同時に、これまで培った武器を捨て、新しいフォームと打点を探る日々が始まった。

「一言では言えないくらい、たくさん変えています。〝こうしたらいいかな、ああしたらいいかな〟ということが次々と出てきて、それにチャレンジしては〝間違っていた、正しかった〟の繰り返しです」

同年7月中旬に行われたウィンブルドン。シングルス準々決勝で車いすテニス王国・オランダのエース、マイケル・シェファースを撃破したものの、準決勝で四大大会の上位常連、ステファン・オルセン（スウェーデン）に4―6、2―6で敗れた。

敗因は未完成のフォーム。

「バックのトップスピンを思い通り打てないことで、フォアも攻撃的に打つことができない。自分で試合の流れを作れない」

ゴールが見えない迷路にいるような状態だが、どこか楽しそうでもある。

「ショットの改造がうまくいくと、また新しいテニスが生まれる可能性がある。自分自身もそれがすごく楽しみなので、いち早く完成させたいんです」

何かに夢中な少年のように瞳を輝かせた。理由は、ひじの状態の良さもある。休養が功を奏し、痛みから解放されたのだ。

「ポジティブなことは、ひじの痛みがないということ。最低限の目標は達成できています」

そして7月下旬、千葉県の吉田記念テニス研修センターのコートに、小気味いい打球音がこだました。

〝元王者〟のラケットから放たれる音だ。

テニスを始めた思い出の地であり、現在も拠点にするホーム。

気温は30度をゆうに超えていた。立っているだけでもつらくなるような暑さの中、ひたすらショットの基礎練習を繰り返した。

取り組んでいるトレーニングはバックハンドのフォームの改良。ひじの痛みが出ず、かつ強力なショットを打てるスイングを模索している。

この日のメニューは午前、午後合わせて4時間半。その大半をバックハンドショットの反復練習に費やした。相手コートの両角を狙い、うなり声を上げながら渾身のショットを放つ。繰り返すこと500球。

顔だけでなく首まで真っ赤に染め、大量の汗に濡れたウエアは何度も取り換えられた。もと もと新しいテクニックを覚える際には徹底的に打ち込むタイプだが、その姿はまるでルーキーのようだ。

「あれだけのものを築いた選手が一からやり直しているわけだから、相当なストレスを抱えていると思う」

国枝の才能をいち早く見抜き、苦楽を共にしてきた丸山弘道コーチは気持ちを慮った。

しかし、日本が誇る車いすプレーヤーの心は全く折れていない。

「フォームを馴染ませる時期というのは数を打つ必要があるんです。本当につまらない練習が続きます」と苦笑した。

プライドより、勝利への渇望。現在の立ち位置も認識している。

「この2年間、結果が出ていないことは分かっています。だから、今は勝つことで復活ののろしをアピールしたい気持ちが強いんです」

頂点から見た景色も忘れることができない。勝者の快感。その記憶が努力に拍車をかける。

「一度、勝利の気持ち良さを知ってしまったら、またそれを求めてしまいますね。最高のガッツポーズをして、コーチやトレーナーと喜びを分かち合って眠りにつきたいです」

当面の目標はグランドスラムの王座奪還だが、その先には20年東京が待っている。

「東京で最後に、最高のガッツポーズをしたいですね」

新たなテニスが完成した時、国枝は再び王者になる。


【プロフィール】くにえだ・しんご。1984年2月21日、東京都出身。千葉県柏市在住。麗澤高―麗澤大。ユニクロ所属。9歳の時、脊髄腫瘍で車いすユーザーに。11歳から車いすテニスを始める。17歳から海外ツアーを回り始め、麗澤大在学中の04年アテネのダブルスで金メダルを獲得。08年北京はシングルス金、ダブルス銅。09年、当時勤務していた麗澤大を退職し、日本車いすテニス界初のプロプレーヤーに。12年ロンドンはシングルス金、16年リオはダブルス銅。1m73、65kg。

義足アスリートの先駆け

山本 篤

陸上

ほかの人が全否定しても
自分がどこまで可能性があるかを
信じられるか信じられないか
一歩を踏み出す勇気はすごく大事

軽やかに超えていく。日本を代表するパラアスリート・山本篤は、幾多の壁を突破してきた。常に世界を驚かせてきた種目は陸上の走り幅跳びだ。2008年北京は2位となり、陸上の義足アスリートとして日本初のメダリストに輝いた。16年日本選手権では6m56を跳び、当時の世界記録を叩き出した。同年リオでも銀メダルを獲得した。

陸上だけではない。18年平昌出場を視野に、パラスノーボードも本格的に開始。17年全国障がい者選手権で優勝を飾り、日本男子史上3人目となる夏冬出場へ可能性を残した。17年4月には母校である大阪体育大の大学院客員准教授に就任した。さらに、出会いがあるたびに若手選手をパラスポーツに勧誘。陸上、スノーボードの成田緑夢、サッカーから陸上へ転向した若手有望株・鈴木雄大も山本のスカウトがあってのことだ。

選手としての挑戦、そしてパラスポーツの未来。目を向ける世界は広い。

「やりたいことをやらないとつまらない。つまらないことは嫌いで。ワクワクドキドキすることが好きでやっている。新しいことを始めれば、新たなドキドキ感を味わえる。そこに自分が求めているものがあったので。ケガをするしないはやってみなければ分からない。ビクつくことよりも、やりたい気持ちの方が強かった。楽しいことを全力でやりたい。常に挑戦したいと思っているんです。陸上の金メダルを獲る挑戦もそうなんですけど、ほかの競技もやるっていう」

人生を楽しむ。好きなことだけをやる、という意味ではない。現在のスタンスにたどり着くには、山本ならではの探究心があった。

自ら義足の開発に携わってきた。プロジェクト自体に参加し、実際に使用した立場として意見を伝えるケースは多いが、山本は選手では珍しく義肢装具士の資格を持っている。

静岡・掛川西高時代はバレーボール部で、1mのジャンプ力を誇った。しかし、高2の00年春、バイク事故が原因で左膝上から切断。卒業後は義肢をつくる専門学校へ進み、初めて競技用の義足を見た。

日常生活用の義足は脚に近い形状をしているタイプが多いが、競技用義足は流線形のフォルム。ふくらはぎから足にあたる部分は、Ｊの字状のカーボン製で「板バネ」と呼ばれる。切断面と義足をつなぐ部分はソケットになっており、スポッとはめるように装着。それらをつなぐ金属製のアダプターは近未来的な要素を感じさせる。

山本は「カッコいい」と思ったという。もともとバイク好き。好きなメカを選ぶような感覚で義足を手に取った。

専門学校時代に陸上を始め、練習後まもない02年５月に初出場した日本身体障害者陸上選手権では１００m17秒36だった。

同年夏に義足の走法を研究する一環で〝実験台〟になった。義足を使用した腿の上げ方、膝の使い方などフォームを模索した結果、１００mのタイムが飛躍的に伸びた。特訓後の同年９月関東選手権で14秒06でなんと優勝。当時の日本記録13秒86にあと０・２秒と迫

る好タイムだった。

卒業後は義肢メーカーに就職が決まっていた。しかし、陸上における自分の可能性を捨てきれずにいた。「若い時しかできない」。内定先に頭を下げ、大学進学を決意した。

03年11月、大きな出会いがあった。

大阪体育大のスポーツ推薦試験を受験した。１００ｍ走の実技試験。雨が降る陸上トラックを走ったが、80ｍ付近で大転倒した。肩を脱臼した上、ゴールすら出来なかった。

駆け寄った試験官に、山本は即答した。「大丈夫です」。実技試験としては失敗だが、意思の強さに圧倒された大学側は「学びたい」という心意気を買い、推薦入学を許可した。

その試験官こそ、スポーツバイオメカニクスの第一人者である伊藤章教授（当時）だった。翌春に入学して陸上部に入ると、短距離のコーチとして再会した。

速くなりたい。山本の知識欲が発揮された。

陸上部の練習では、必要なメニューは何度も繰り返した。しかし、納得がいかなければ、指示通りには動かない。

練習をすること自体が目的になってしまうと、指導者に見せるための練習、プロスポーツ選手の〝スラング〟で言うところの「見せ練」になりがちだが、伊藤さんは「普通の選手は練習をアピールするが、山本は言われてやるという姿勢ではなかった」と証言した。

3年時には伊藤さんのゼミに入り、走ることを科学した。筋肉の動きに応じた最適なフォーム。当時、タイムが頭打ちになっていた山本にとって、研究は即実践につながった。走る＝足で蹴るという図式も、伊藤さんから「足ではなく、腰で蹴ろう」と提案され、腸腰筋による推進力に着目。トレーニングを重ね、腰回りの筋肉を鍛え上げた。

のちに大体大大学院の博士課程に進み、運動力学を専攻。ここでも伊藤さんとタッグを組み、科学的な側面から走り方を変化させていった。人の動きを記録するモーションキャプチャーで膝、股関節、足首の動き、角度をチェック。歩幅、ピッチ数を計測し、自分自身を実験台として研究を積み上げた。

近年は義足の性能が向上し、記録

は選手の努力よりも義足によるところが大きいと思われがちだが、義足を使いこなすには鍛錬が必要で、健常の脚をいかに鍛えるかという課題がある。

バランスよく走るには両足とも同じ力で地面を蹴ることが重要な要素でもあり、義足をコントロールする力もトップ選手になる必要条件だという。

さらにレベルが上がると、たわみやすくなった板バネを使いこなすために、鍛える場所も変化する。義足の性能が上がっても、やはり使いこなすのは人間なのだ。


大きな転換期は走り幅跳びにおいて、義足側での踏み切りに変更した時だった。

走り幅跳びを始めた当初は健常の右脚で踏み切っていたが、04年秋の記録会でたまたま歩数が合わずに義足側で踏み切ったところ、当時の自己ベストを約１ｍも超える成績を収めた。出場できなかった同年アテネなら銅メダルに相当する数字だった。

ちょうどその頃、国際大会でも義足側による踏み切りがトレンドになりつつあった。山本は08年北京で銀メダル、12年ロンドンこそ5位でメダルを逃したが、13年7月世界選手権は６ｍ11の大会新記録をマークして金メダルを獲得した。世界選手権では15年も連覇を飾り、「世界の山本」となった。

16年リオでは自己ベストタイ記録６ｍ62で銀メダル、アンカーを務めた４×１００ｍリレーで銅メダルを獲得した。

しかし、満足はしていない。リオ後も研究を続けている。走り幅跳びの空中姿勢だ。踏み切り後に体が右に傾き、ジャンプが左に流れてしまう癖を可能な限り「真っ直ぐ」にするために、レースを撮影したビデオを見ながら修正。踏み切りの位置に歩幅を合わせるために、助走距離を短縮。自分を客観的にデータ化している。

17年7月の世界選手権では6ｍ44で銀メダル。惜しくも3連覇を逃したが、20年東京に向けての準備は着々と進む。

つまらないことは嫌いだ。

数々のメダルを獲得してきた走り幅跳びについて、なんと練習自体はほとんど行っていない。

「砂場は嫌いなんです。汚れるから」

好きなことだけをやる、という意味ではない。義足による幅跳びの練習は、義足と切断面の設置部分に体重の10倍以上の負荷がかかるともいわれる。助走スピードが速ければ、飛距離が伸びるというデータの裏付けを得て、練習は短距離に専念しているのだ。

尊敬する人物は健常の陸上選手であるキム・コリンズ。カリブ海に浮かぶ小さな島国のセントクリストファー・ネイビス出身で、30代以降も自己ベストを塗り替え続け、39歳で100ｍ9秒台を叩き出したという努力の虫だ。16年には40代で史上初となる9秒台をマークした。

「他の人が全否定しても、自分がどこまで可能性があるかを信じられるか信じられないか。一歩を踏み出す勇気はすごく大事だなって思います」

目標に立ちふさがる壁を軽やかに超えるには、努力をそれと思わずに積み重ねる探求心が必要だ。山本はかつて言った。

「次の目標はパラリンピックで金メダルを獲得して、人生で一度は世界記録を出したい」

世界記録樹立（当時6m56）は16年に一度経験した。残るはパラリンピックでの金メダルだ。


【プロフィール】やまもと・あつし。1982年4月19日、静岡県掛川市出身。掛川西高―大体大―大体大大学院。新日本住設株式会社所属。パラリンピックの走り幅跳びは08年北京銀、12年ロンドン同5位、16年リオ銀。リオでは4×100mリレー銅。世界選手権は13年から連覇、17年銀。障がいクラスはT42。17年9月現在の自己ベストは100m12秒61、走り幅跳びは6m62。趣味はスコア90を切るゴルフ。1m67、59kg。

日本のトビウオ
木村敬一

水泳

やるだけのことはやった
時間が経って、受け入れられるようになって
自分の中で整理すると
徐々に〝あの時はあれが限界かな〟と

観客が鳴らす指笛の中、各国のフラッグを掲げた旗手が順繰りに入場してくる。２０１６年リオパラリンピックのクロージングセレモニー。開会式が祭典の始まりを世界へ発信する〝みんなのもの〟であるとすれば、閉会式は闘いを終えたアスリートたちが楽しみ、互いに労う〝選手のもの〟だ。

闘い終わってノーサイド。緊張から解放された選手たちが国境を越えて記念写真を撮り合う中、日本選手団にヒーローの姿がない。水泳の木村敬一は08年北京から3大会連続出場となる舞台で、同選手団最多の大会4個のメダルを獲得した。視覚障がいの全盲クラス（S11）において、平泳ぎ、バタフライ、自由形の3種目で表彰台に立つという活躍だった。

写真撮影をねだられるはずの「世界のキムラ」はどこにいたのか。

「どうもこうもない。本当に疲れました。（風邪をひいていたという報道もあったが）風邪なのか、プレッシャーなのか、何なのか。もう分からなかったです。疲労も重なっていたし」

ヒーローは閉会式の間、日本選手村の自室で寝込んでいた。

のべ5種目に出場し、5日間でメダルは銀2、銅2。1選手が複数種目に出場する水泳、陸上競技において、リオの日本代表では他の追随を許さない最高の成績といえる。

しかし、本人はそう思っていなかった。

「金メダル、獲れなかったですね。100mのバタフライが一番、金メダルに近い種目だったので、それで獲れなかったのは……。獲れなかった瞬間は結構、頭が真っ白になっちゃって。悔しくもなければ悲しくもないし、もちろん嬉しくもない。なんか他人事みたいな感じでしたね」

勝つために闘ってきた。

パラリンピックの原点は、傷病兵のリハビリを目的として48年に英国の病院で始まったアーチェリー競技とされるが、半世紀以上の年月を経て障がい者スポーツは競技として進化を遂げた。〝かわいそうな人が頑張っている〟というジャンルではない。ボクシング、柔道など体重

による階級別と同じように、障がいクラス別にトップレベルの技術を争うスポーツへ発展した。残された機能を最大限に発揮できるように工夫し、修練し、いかに闘うか。12年ロンドンの100m平泳ぎで銀メダルを獲得した木村は、金メダルを獲得するためにアスリートとして生活の全てを水泳に捧げてきた。

2歳で全盲となった木村は、「泳ぎ方」を見たことがない。フォームを身につけるには、体の動かし方を触覚で理解する必要がある。手の動き、肩の回し方、足の蹴り。体の動かし方を学ぶために人のフォームにじかに触れたり、触ってもらったりを繰り返して1つ1つ覚えた。水の抵抗を最小限に抑えることがタイム短縮の近道であるため、泳ぎながら水の重さを〝感じる〟ことも大切だという。

視覚障がいのスイマーにとって難しい点は、真っ直ぐに泳ぐこと。

健常者はプールの底に引かれたラインを水中で無意識に目視して方向を調整するが、全盲の選手はコースロープの感触が頼りだ。トップクラスの選手になれば、隣のレーンを泳ぐ選手の波を感じて自分の位置、レース展開を把握するというが、例えば平泳ぎなら1ストロークで3m前後進むため、水をかいた瞬間にコースロープをくぐり、隣のレーンに侵入してしまうこともしばしば。トップスイマーとなった木村でさえ、リオ前に出場した日本最高峰の大会の1つ、16年夏のジャパンパラで2つ隣のレーンまで横断してしまったこともある。ルール上は隣のレーンが空いていれば、移動後のレーンでゴールしてもタイムは認められるが、この時はさすがに失格となった。

真っ直ぐに泳ぐことは難しい。

ならば。

スタートからゴールまで最短距離を進む手段として、木村はパワーで押し切る手段を選んだ。母校・日大の野口智博教授による指導のもと、1日5食、4500キロカロリーを摂取した上でウエートトレーニングに励む日々が始まった。

「野口先生は、選手として一から作り直してくれた存在です。自分を強くしてくれる、〝競泳選手〟にしてくれた人だと思っています。ロンドンまでの自分は〝競泳選手〟とは言えなかったです」

木村には2人の恩師がいる。1人が野口教授、もう1人が現在もコンビを組む寺西真人教諭だ。中学で滋賀県から上京した筑波大附属視覚特別支援学校で出会い、水泳の基礎を叩きこんでくれた。そして何より、全盲のS11クラスならではの「タッパー」として唯一無二の存在だ。

タッパーとは、先端にスポンジなどの柔らかい素材を装着した2m程度の長い棒（タッピング棒）を操る競技補助者を指す。全盲のスイマーはターン、ゴール時に壁を目視することができないため、タッパーはプールサイドで待ち構え、「そろそろ」のタイミングをタッピング棒で選手の頭部を軽く叩いて知らせる。

トップ選手は例えば自身の「50mのストローク数」を知っているため、「そろそろ」は認識できるが、0・1秒以下を争うタイトなレースはタッパーとの「あ・うん」の呼吸がモノを言う。最後のひと伸びなのか、ひとかきなのかを選択するだけで順位は大きく変わるからだ。

実際、15年世界選手権ではタッピングの妙で金メダルを獲得した。

100mバタフライのゴール直前、ライバル選手コンビは最後のひとかきが足りずにフィニッシュまで一瞬の間をつくった一方、木村&寺西教諭のコンビは絶妙のタイミングでタッピングを行ったことが優勝につながった。

「僕は反応が悪いわりに（壁の）近くで回りたい。膝を曲げてでも思いっきり壁を蹴って、蹴ってやった感が欲しい。なので、叩くのが結構難しいと思うんですよね。寺西先生は学校の先生ではあるのですが、実家から離れて寮生活をする中で接する時間がとても長いんです。長いこと一緒にいるので、とても安心感があります。タッパーで勝った試合もありますし、この人でダメなら、これ以上の人はいないという絶対的な存在です。この人しかいないと思っています。競技をする上では絶対的なタッパー。その他の場面では師匠、親代わり……。しっくりくる言葉が見つからないですが、行き詰まった時にパッと相談できるのは寺西先生です。親には相談しないですよ。親に相談するとしたら、生きるか死ぬかみたいな時です」

２人の恩師に支えられ、リオでは金メダルを目指していた。

出場初日。50ｍ自由形では同種目で初の銀メダルを獲得した。幅２・５ｍのレーンで右側のコースロープ沿いに水をかき、ライバルかつ親友のブラッドリー・スナイダー（米国）には敗れたものの、右腕を突き上げて素直に喜んだ。２日目の１００ｍ平泳ぎでは銅メダルを獲得し、上々の滑り出しとなった。

３日目は当時世界ランキング1位の１００ｍバタフライ。金メダル大本命が泳ぐ第４レーンに飛び込んだ。50ｍのターンはトップで折り返したが、レース終盤に左隣のレーンを泳ぐイスラエル・オリベル（スペイン）に振り上げた手が接触し、最後の最後に差されて惜しくも銀メダル。水に浮いたまま天を仰いだ。

「当時は完全だと思っていたけれど、足りなかったのかなと思います。特に、心は足りなかったのかな。試合が近づくにつれて不安になりましたし、楽しみだなとあんまり思えなかったですね。終わってから半年ほど経って、練習量はそう多くない中でリオよりも速く泳げた。技術的な練習を少しやってみて成果が少しずつ出てきているので、やはり、リオの時は足りていないところがあったんだと思います。時間が経って、受け入れられるようになって、自分の中で整理すると、〝あの時はあれが限界かな〟というふうに徐々になってきました。やるだけのことはやったと」

バタフライの銀メダル以降は体調不良と相まって、自分との闘いとなった。翌日の100m自由形では予選7位通過。決勝は気力で4個目のメダルとなる銅をもぎ取り、最後の5レース目は200m個人メドレーで日本記録を出して4位。体力は限界だった。体力、精神的に消耗した木村は、閉会式に出ることができなかった。

競技に対してはストイック。しかし、普段の木村は笑顔を絶やさず、相手を笑いで包み込む〝愛され力〟がある。

同じ視覚障がいのクラスで、リオまで毎日一緒に練習していた富田宇宙は「愛されすぎて恐ろしい男です」と証言する。

「木村選手の人柄で特筆すべきは、愛される力です。周囲の人にもっと助けたいと思わせてしまう、すごい人間的な魅力です。それを如実に表しているのは、彼の持ち物。〝それ、良いね！〟と尋ねると、9割は〝もらった〟という答えが。みんなが何でもあげたくなってしまうようです。だいたい彼が自分で選んだものはしょうもないもので、良い感じのものは大抵もらいものなんだそうです。彼の魅力は、われわれ選手にも影響を与えています。遠征や合宿でも、彼の周りには自然と選手が集まり、山田拓朗選手などは〝自分の役目は、敬一くんを支えることです〟とまで言っていました」

ふと気がつくと、引率から恋愛相談まで何かと面倒をみるマネジャー状態に陥るという。対して、本人は「いや、分かんないスけど、んー、みんな優しくしてくれます」とノンキなものだ。


さらに、仲の良い2人は「暗闇で生活している視覚障がい者は、お化け屋敷の暗闇を怖いと感じるのか」という日頃の疑問を解消すべく、お化け屋敷にチャレンジしたことがある。

富田の証言だ。

「木村選手は最初、〝僕はね、指鳴らしの反響で空間を把握して暗闇を進むことができるんだよ。ここは僕に任せて〟と心強いことを言って先導してくれました。私はその言葉を信じて彼の後ろを進んだのですが、展示物に突入したり、道なき道を行こうとしたり、実際は何の役にも立ちませんでした。結局は私がわずかな視力で先導しました」

本人は「これは本当っスね」とアッサリ認めた。「お化け屋敷ダメです、僕。怖いんで。急に音が鳴るのとかダメなんです。子ども向けだったのでグロいものとかが置いてあるわけじゃなかったのですが、センサーみたいなものがついていて、通過するとバッと鳴るような脅かしてくる仕掛けが満載で。それがもう怖すぎて」


2人のコンビは、リオにもチャレンジを用意していた。大学の競技ダンス選手だった富田の指導により、木村は金メダル獲得時には表彰台で踊るべく、サンバを練習していたという。

木村の告白だ。

「優勝したらサンバを踊ろうと思ってたんですよ。でも、練習しても全然ダメで。これに関しては、本当に優勝しなくて良かったなって思ってるんです。マジで最後まで全然うまくならなくて、これこのまんまいくのかどうか、レース前まで検討しました。結果、獲れなくて良かったっていう話です。いやこれ、サンバがブレーキになっちゃいましたね」

チャーミングな人柄はＴｗｉｔｔｅｒでも評判を呼んでいる。音声ソフトを利用して書き込む内容は日常のあれこれ。木村をパラアスリートだと知らない人でも思わず笑顔になるつぶやきが多い。

――はっ！　ウエート終わったら財布の中身増えてるんやけどなんなん⁉

――素で「サンリオパラリンピックにいかれるんですね」って言われた。それピューロランドや！　キティーちゃんや！　場所的には多摩センターや！　家から電車で一本や！

――不動産屋さんからいきなり電話来て、細かいことは直接お話するので店まできてくださいって言われたから、いよいよでていけってことかと思ってびくびくしながら行ったら講演の依頼だった

「（面白いという評判について）皆さん、そう言うんですよね。でも、つまらないことを書けなくなりました（笑）。ハードルが上がったというか。リプライとかの反応はすごく嬉しいです」

しかし、水泳になるとやはりストイックだ。

「目標は金メダル、とはまだ言わないですよ。覚悟が必要なんで。少なくとも今以上の覚悟を持っていかないといけないので。——20年はサンバじゃないですよ。東京音頭です」

【プロフィール】きむら・けいいち。1990年9月11日、滋賀県栗東市出身、東京都在住。日大—日大大学院文学研究科教育学専攻博士前期課程修了—東京ガス。小4で水泳を始める。筑波大学付属盲学校（現・筑波大学附属視覚特別支援学校）で水泳部に入部。パラ6大会で合計21個のメダルを獲得した河合純一氏（現・日本身体障がい者水泳連盟会長）と合宿で一緒に泳ぎ、世界のスピードに驚く。08年北京100m自由形、平泳ぎともに5位。日本選手団最年少だった。12年ロンドンは100m平泳ぎで銀、同バタフライで銅。15年世界選手権では金2（100m平泳ぎ、バタフライ）、銀1（50m自由形）、銅1（200m個人メドレー）、16年リオは銀2（50m自由形、100mバタフライ）、銅2（100m平泳ぎ、自由形）。1m72、65kg。

吠える大黒柱
廣瀬隆喜
ボッチャ

若手が増える中で見本となる選手にならなければいけない
憧れと言われる選手にならないと

エースは一投ごとに雄たけびを上げた。２０１６年リオ、ボッチャ競技のチーム戦準決勝。当時世界ランキング7位の日本は、同5位の格上・ポルトガルと激突した。

チームの愛称は「火ノ玉ＪＡＰＡＮ」。逆立つようにセットしたヘアスタイルも、まるで炎のようだ。熱い魂を持った廣瀬隆喜は〝吠える男〟として一躍、有名人となった。

ボッチャ。

イタリア語でボールを意味する競技名で、重度の障がいを持つ選手のために欧州で開発された。コート上にある標的の白いボール（目標球＝ジャックボール）に向かって、チームはそれぞれ赤、青色のボールを投じ、最終的にジャックボールに最も近いボールを投げた側に得点が入る。チーム戦なら1人2球を投げ切るまでが1エンドで、6エンドの総得点で争われる。

パラリンピックの出場対象選手の多くは脳性まひ。障がいクラスはＢＣ1〜4に分かれており、ＢＣ1は四肢、胴体にまひがあり、車いすの操作ができない者、もしくは下肢で車いす操作が可能であること。ＢＣ2は上肢で車いすの操作が可能であることが条件。前述の2クラスはいずれも脳性まひの選手だ。

ＢＣ3は自力で投球できない選手が対象で、「ランプ」という滑り台に似た専用具を使った上で補助員に投球のアシストを受ける。表彰式では補助員も選手と共にメダルを授与される。ＢＣ4は脳性まひ以外でＢＣ1、2クラスと同等の機能障がいがある重度の四肢まひを持っている。

選手全員が車いす。障がいは他のパラスポーツと比べて重く、電動式を使う選手も多い。初めて競技を見た人は、電動車いすで移動する人がスポーツをしていること自体に驚くかもしれない。

しかし、競技を見ているうちに、「白い球に最も近いカラーボールを投げた方が勝ち」という単純明快なルールを早い段階で理解する。さらに観戦するうちに多彩な戦術、ミリ単位で目的位置に投げ入れる投球技術に驚く。気がついた時には、ボッチャのファンになっている。

日本代表は08年北京から同競技に参加し、チーム戦は予選敗退に終わった。12年ロンドンは準々決勝でポルトガルに大敗して7位。16年リオ準決勝はリベンジマッチでもあった。

エースは燃えていた。リオ出場に際し、電動車いすを〝リオ仕様〟に装飾した。フレームは

赤、ホイールは白という日の丸カラーとし、ハンドリム（車輪の外側にある小型の輪）は金色に。車いすにも気合を入れ、集中力を高めて大一番に臨んだ。

相手は日本の精度の高いショットを警戒し、コートの右奥にジャックボールを置く作戦に出た。

そんなことは想定内。相手の予想を上回る正確な投球でボールとボールの間を通すなど、観客席をうならせた。

勝負は2点リードの第3エンドが明暗を分けた。大量得点のチャンスで廣瀬が絶妙のコントロールで相手のボールを動かし、白い球の周囲を日本の赤色で埋めた。

一挙4得点。エースは「ウオーッ」と吠えた。この得点が最終的に効き、日本は8—5で決勝進出を決めると同時に、日本同競技初のメダルを確定させた。

メンバーとグータッチで喜びを分かち合った。

「車いすから落ちるかと思いました（笑）。悲願のメダルが獲れて良かったです」

決勝では世界最強のタイに敗れて銀メダルを獲得したが、遠く離れた日本で「ボッチャ」は大きな話題となった。試合の結果はスポーツ紙のカラー面に掲載され、帰国後は番組出演で引っ張りだこに。プレー自体は障がい者と健常者が共にできることから、小池百合子・東京都知事も競技を体験。都庁チームと国際パラリンピック委員会チームが対戦するまで人気に火がついた。

17年3月には、健常者チームが参加して「ボッチャ東京カップ」が初開催された。企業チームを含め12チームが参加する中、日本代表チームが準決勝までの3試合で1エンドも失わずに圧勝。決勝で最終エンドを失ったのみで、ほぼ完全勝利で優勝を飾った。

全国各地でイベントに招かれるほか、これまで開催したことがなかった自治体が大会を検討するようになり、最新のデジタル技術で音、照明による演出をほどこしたシステム「サイバーボッチャ」が登場するなど、一時的なブームではなく、パラスポーツの代表格として浸透しつつある。

「メダルを獲ったことによって、道を歩いていても話しかけてもらえるようになりましたし、サインしてくださいとも言われるようになりました。オフシーズン中は、月の半分はほとんどイベントに呼ばれています。ボッチャの魅力をどう伝えられるかはこれから。私たちが選手として出て、すごいんだよと見せたりすれば面白さ、楽しさも伝わると思うので。健常者と障がい者がハンデなしでやるのが一番魅力じゃないかなと思います。大事なのは、私たち選手が2020年までに結果を残し続けることですね」

先天性脳性まひ。電動車いすは右手すりに装着したボタンを押して移動する。幼少時から体を動かすことは好きで、中学時代は射撃のビームライフル、中学から高校にかけては陸上の短距離走に出場していた。卒業後もスポーツができるようにと考えていたところ、教師からボッチャを勧められた。

競技開始2年で国内トップレベルに駆け上がった。競技人口は確かに少なかったが、それ以上に廣瀬の上達ぶりがものを言った。ボールは革または合皮製で重さ275g、円周270㎜。ボールの硬さはそれぞれで、例えば軟らかいものは相手ボールに当てられてもどっしりと動きにくく、硬いボールは相手ボールを押し出すために有効だ。ボ

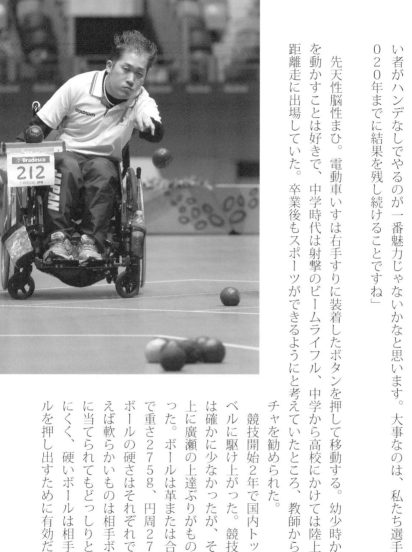

ールの種類を使い分け、かつ投球方法、握り方を常に模索する。

のちに世界では、相手ボールに押し出されないように軟らかいボールを使う国が増えたことから、空中からダイレクトに目標球を動かす高度な投げ技「ロビングボール」を習得した。細かな投球から大技まで、常に探究する姿勢がトップ選手に成長する要因となった。

03年日本選手権初出場で3位に入賞すると、06年に初優勝。17年までに8度の優勝を飾った最強選手として君臨した。

ライバルの出現も、技術に磨きをかけた。リオで代表チームの主将を務めた杉村英孝だ。12、13年日本選手権は杉村に敗れ、14年に王座を奪還。15年は決勝で激突して1―3で惜敗、さらにリオ後の16年11月同選手権では5―0で圧勝するなど、2人の対決はボッチャ界の名勝負製造機となっている。


パラリンピックは12年ロンドンまでの2大会で思うような成績が残せなかったが、まさかのトレーニングも奏功した。これまで脳性まひの選手が筋力トレーニングをすると筋緊張をもたらすため、医学的にはタブー視されていたというが、海外選手に勝つために代表チームはチューブトレーニングを利用した筋トレを導入した。体幹が安定することで、投球動作もブレがなくなったという。

また、海外チームには絶対的なエースが1人はいるが、日本のように廣瀬、杉村というエースが2人いる国は例がなく、銀メダル獲得の強みとなった。

リオ後の人気を踏まえると、今後は若手、新規参入の選手が増えることが予想される。それでも、廣瀬は20年東京までエースを張り、リオで逃した金メダルを狙うつもりだ。

「若手が増える中で見本となる選手にならなければいけない。憧れと言われる選手にならないと」

東京の舞台でも、エースが再び吠える。


【プロフィール】ひろせ・たかゆき。1984年8月31日、千葉県君津市出身。袖ケ浦特別支援学校。所属先は西尾レントオール株式会社。先天性脳性まひ。高2の時に陸上で千葉県記録を樹立。高3からボッチャを始める。日本選手権は17年まで8度優勝。障がいクラスはBC2。左下投げ。1m58、62kg。16年リオでの銀メダルにより君津市から市民栄誉賞。

女子世界ランキング1位
上地結衣
車いすテニス

東京で金メダルを獲るにはどうしたらいいか
金への気持ちは強くなった

2017年の上地結衣は強い。車いすテニスの四大大会では圧巻の成績を収めた。シングルスは1月全豪OPで初優勝（ダブルス準優勝）、全仏は3年ぶり2度目の優勝（ダブルス優勝で単複制覇）、ウィンブルドンは4強（ダブルスは4連覇）、全米OP優勝（ダブルスは4強）。世界ランキングは同年9月現在、ポイント数でもダントツの1位を独走している。

もちろん、以前から強かった。当時はウィンブルドンではシングルスの開催がなかったが、実質プロ2年目の14年にはシングルスで全仏、全米を制し、ダブルスは四大大会を全て優勝で飾った。結果、日本人女子として初となる世界ランキング1位に上り詰めた。

常にレベルアップを図ってきた。高3で出場した12年ロンドンでベスト8入り。当時は大会終了後にテニスを辞めようと考えていた。大学進学か、就職するか。進路を決める時期に差し掛かっていた。

しかし、ロンドンの景色を見て思いは変化した。スタジアムには大観衆が詰めかけ、ファンが熱狂していた。過去最大ともいわれるほど盛り上がった12年を経験したことで、ラケットを握り続けることを決めた。

エイベックス提供

14年の活躍は初めて出場したパラリンピックを経て、勝つために何が必要か考えた結果だ。そして、17年の最強ぶりは、16年リオの泣き笑いを経験したからこそだった。

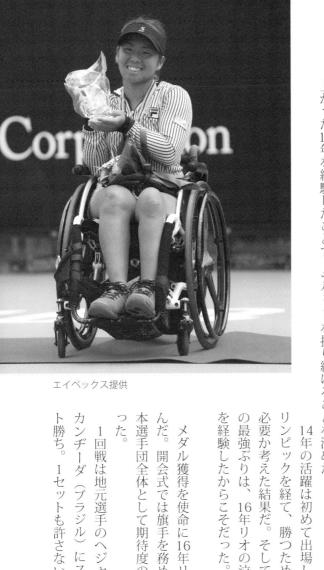

メダル獲得を使命に16年リオに臨んだ。開会式では旗手を務めた。日本選手団全体として期待度の表れだった。

1回戦は地元選手のヘジャーネ・カンギーダ（ブラジル）にストレート勝ち。1セットも許さない完勝であり、かつ6ポイントしか許さないパーフェクトぶりだった。2回戦の相手はチリの初出場、マカレナ・カブリジャーナを相手に各セット1ゲームしか落とさず、2試合連続のストレート勝ちを収めた。

準々決勝に入っても、勢いは衰えない。車いすテニスの強豪国であるオランダのマイヨレン・バウスに対し、またもストレート勝ちを収めた。相手は世界ランキングトップ10の常連で、当時は世界3位にランクイン。サーブの最高速度は上地を時速18km上回る強敵だったが、全く寄せ付けなかった。

金メダルが近づいてきた。

迎えた準決勝。またオランダのアニク・ファンクートと対じした。今度の相手は12年ロンドン銀の強敵。世界ランキングのトップ3はオランダのイースケ・フリフィオン、上地、そしてこのファンクートと争ってきた。

前3戦とは違う苦しい展開となった。第1セットはポイントを連取され、3―6で落とした。上地のサーブは通常、時速105km前後だが、ファンクートは時速130kmの大台に乗ることもあるパワーヒッターだ。オランダでは事故、病気などで車いすユーザーとなった時に、真っ先にテニスを推奨する環境が整っていることが「車いすテニス王国」化の要因。男女共に、世界ランキングの上位には赤、白、青の国旗がたなびいている。

第2セットは逆に上地が相手ゲームをブレークして6―4で奪い返した。後がない最終セットは互いにブレークし合う一進一退の攻防が続いたが、最後は5―5からゲームを連取されて力尽きた。試合中のラリーは最多で29回を数え、上地がリオに向けて習得したバックハンドのトップスピンでケリをつけたが、粘りは金メダルまで届かなかった。

「4年間やってきたことを出せたかというと、そうではない。勝つチャンスはあったと思います。逃してしまったとは……」

いつも記者会見では理路整然と話す上地が、思わず涙をぬぐった。

25時間30分後には、3位決定戦が待っている。悔しさを昇華し、心を立て直すことに専念した。

3位決定戦。相手は三たび、オランダ選手だった。

当時19歳の若手、ディーデ・デグロート。ジュニア時代に世界チャンピオンに2度輝いた期待の新星で、パラリンピックは今回初出場だった。

圧勝だった。第1セットは中盤に相手ゲームをブレーク。最速で134㎞のサーブを打ってくる相手にも付け入るスキをまったく与えなかった。第2セットの第10ゲーム、アドバンテージの場面でデグロートのストロークがアウトになった瞬間、上地が右拳を握り締めた。顔をくしゃくしゃにして笑った。観客席へあいさつをすると、日の丸を背中に掲げて胸を張った。

「できるだけ良い色のメダルを獲って帰ることが目標でした。結果、初めてメダルを獲得し、勝って終わることができましたが、悔しい気持ちの方が強いです」

記者会見では泣いたり笑ったり。同競技では日本女子初のメダル獲得だった。

国枝と共に、パラスポーツを代表する選手。障がいは先天性の潜在性二分脊椎症だ。２歳からリハビリした結果、装具を着ければ歩けるようになり、10歳の頃までは活発に走る子供だった。以降は自力での歩行が困難になり、小４から車いすユーザーとなった。

近所の体育館で車いすバスケットボールを習っていた頃、姉が軟式テニスを始め、一緒にテニスがしたいという思いで11歳から競技を開始した。めきめきと腕を上げ、14歳の時には史上最年少で日本ランキング１位となった。15歳からは１人で海外を転戦する生活を始めた。

車いすテニスの選手も、健常者のプロテニス選手と同じように海外の大会を転戦し、成績に応じて積み重ねたポイントで世界ランキングが決まる。１年のうち半分は海外生活を送り、１カ所にとどまらず、欧米を行き来することもザラだ。移動時は日常生活用の車いすに乗り、ラケットなどのテニス用具と共に遠征の大荷物を転がしながら、さらに競技用車いすも持参。中澤吉裕・リオ日本代表監督は「移動の荷物は本当に多いです。逆に、荷物を自分で持って移動できるようにならなければ転戦できないといえるほど」と話した。将来の進路を考え、12年ロンドン後に一時テニスを辞めようと考えたこともうなずける。

上地の特長は、オールラウンダーであることだ。海外選手は一点突破の武器を持つ場合が多いが、苦手なショットもあるという。上地も以前はバックハンドのスライスが苦手だったが、練習で克服。小柄な相手に対し、海外の選手たちが使うハイボールに対抗するために新しい武器を模索し始めた。

今や代名詞ともなっている、バックハンドのトップスピンだ。車いすに乗ってボールに回転をかけるには筋力をより必要とするため、女子の使い手は世界的にも珍しい。男子では国枝が世界トップの座に上り詰めた理由の1つとなったテクニックでもある。

試合がない時期の練習は、午前中から1日7時間練習が常。高校時代から同じ千川理光コーチに指導を受け、ほかにも水泳、体幹トレーニングをこなす。15年からは実家を離れ、大阪府内で独り暮らしを開始。栄養を考えた食事も自分で準備する。

そして一たびツアーに出れば、数カ月帰国できないことも珍しくない。先日、2度目の引退を表明した伊達公子さんが送っていたような海外転戦生活を既に10年以上続けている。

まだ23歳。しかし、もう日本のエースだ。

「車いすテニスの女子クラスでは長年オランダがトップを走っていましたが、最近ではイギリスやアジアの選手も伸びてきて、どこの国の選手が上位になるか分からない状態。自分も含めて、いろいろな国の選手が1つでも多くの大会に出ること。それによって生まれる相乗効果が今の女子クラスの動きだと思うので、数年後には、オランダの選手だけに表彰台を独占されることのないように、他の選手も含めて一緒に戦っていきたいです」

17年の上地は強い。その理由は20年東京で金メダルを獲るためだ。車いすを新調し、車輪の直径を約2・5㎝広げ、座面の高さを3㎝上げた。その工夫も金メダルへの道につながる。

「東京で金メダルを獲るにはどうしたらいいか。金への気持ちは強くなった」

リオでは試合後に係員からボールを渡され、〃サインして客席に打ち入れるように〃と指示された。健常者のテニス試合中継などではおなじみの光景だが「あれほどの観客の皆さんの前でやったことがなかったので、ボールを持ってきていただいた時は〃どこに打ち込もうかな〃と嬉しかった」

東京の決勝は有明コロシアム。笑顔でサインボールを打ち入れる姿が見られるはずだ。

【プロフィール】かみじ・ゆい。1994年4月24日、兵庫県出身。明石商。所属はエイベックス。08年全日本選抜車いすテニス選手権シングルスで優勝して以降、16年で9連覇達成。プロ2年目の14年、史上最年少で年間グランドスラムを達成。日本人女子初の世界ランキング1位に輝いた。左利き。16年リオ女子シングルスで日本女子初の銅メダルを獲得し、ダブルスでも4強入り。17年シングルスは全豪初優勝（ダブルス準優勝）、全仏は3年ぶり優勝（ダブルス優勝で単複制覇）、ウィンブルドンは4強（ダブルスは4連覇）、全米優勝（ダブルスは4強）。

時速130kmの勝負師
狩野亮
アルペンスキー

しんどい時には自分で自分に声を掛ける
自分と向き合い、追い込んで伸びていくしかない

スタート地点にスタンバイ。脳裏にはコースのライン取りが浮かんでいる。開始3秒前。最後のポジション調整ですぐに走り出せる体勢を整える。

座っているシートは、自ら開発に携わった特注品。パフォーマンスを左右する要の部位で、体の力をスムーズに伝えるため、背骨や骨盤の形に合わせてミリ単位で調整を重ねた。

座面を支える金属の〝脚〟は、マシンや体への衝撃を軽減する役割を担うサスペンションシステム。振動を速やかに吸収するための装置「アブソーバー」も組み込まれている。テスト走行と細かいセッティングを繰り返し、性能に磨きをかけた。

シャーシも、スピードに耐えうる強度を保ちつつ、軽量化を追究した。自身のこだわりと技術者たちのさまざまなノウハウを注ぎ込み、意見交換を重ねながら徹底的に無駄をそぎ落とした。

全ては整った。

号砲。全身を勢いよく前方に押し出し、コースに飛び出した。一気に加速し、カーブで飛び出しそうになる重力をいなして最短距離でゴールを目指す。

サスペンションの下に取り付けられたスキー板が雪しぶきを上げた。

このマシンはフォーミュラカーではない。チェアスキー。いすのような座面に座ったまま行うパラスポーツのアルペン競技の道具だ。

シートの高さは雪面から約30㎝。健常者のスキーより目線が雪面に近い分、体感スピードも恐怖も増す。しかし、チェアスキーに乗ることで狩野亮は「自由」を得て、〝スピードキング〟になった。

銀嶺の斜面で、マシンは速度を上げる。両手にはアウトリガー。先端に長さ30㎝ほどのスキー板が付いた競技用のストックだ。スピードによる負荷とコースの凹凸で体と板が跳ね上がりそうになるが、アウトリガーと絶妙な体重移動でバランスを取る。スキーと一体化することで、時速１３０㎞を超える世界に到達する。

スキー板は1本。

乗ってバランスを取るだけでも難しいとされるチェアスキーを巧みに操り、速さの限界に挑

©Hiro YAKUSHI

む姿は勇猛だ。

使用するチェアスキーの重さは18kg前後。臼をひくような太い音をたてながら板のエッジが雪面を切り裂く。健常者のスキーと比べ、体重以外の重量が加わる分、迫力もすさまじい。

設置されたポールを左右にかわしながら、コースを全速力で滑り降りる。

ターンの時も体重は後ろにかけたまま。激しいコーナリングではしりもちをついたような状態になる。後傾姿勢によって上方に角度がつき、スキー板の先が浮き上がる。雪面に接している部位は板の後部だけ。

これこそが〝キング〟の武器。板全体を雪に押し当てるより抵抗が少なくなり、スピードを落とすことなくコーナーを曲がることができる独自のスキルだ。

高速ターンを不断の努力で身につけた狩野は、圧倒的な速さを武器にアルペン座位（シッティング）の頂を制した。

２０１０年バンクーバーのスーパー大回転で金メダルを獲得。14年ソチでは滑降で金、スーパー大回転で連覇を達成した。いずれも日本人初の快挙だった。

北海道の網走市で生まれた少年は、負けず嫌いでやんちゃな性格だった。1歳上の兄がおり、何をするにも対等に渡り合おうと〝戦い〟を挑んでいたという。

スキーは、中学教諭でスキーの指導員だった父・操さんの教えで、2歳の時から親しんでいた。

小3の春、登校中に横断歩道で自動車事故に遭い、生死の境をさまよった。一命は取り留めたが、脊髄を損傷し、下半身不随となった。

少年は脊髄損傷も下半身不随も意味を理解していなかった。また歩けるようになると思っており、母・照美さんに「いつ治るの？」と聞き続けた。

しかし、いつまで経っても友達と休み時間に遊びに行くことができない。そんな日々が続くうちに、車いすでの生活に終わりが来ないことを悟った。本人はよく覚えていないが、当時はよく泣きながら親に当たっていたという。

「やりがいを見つけてほしい」。操さんはアーチェリーや車いすマラソン、車いすバスケットボール、水泳など、さまざまなスポーツをさせた。

小5の時、チェアスキーと出合った。操さんが教えてくれた。

風を切り、疾走感を味わいながら、健常者と一緒に自由に動き回ることができる。普段の生活では感じることができない気持ち良さに、すぐにとりこになった。

競技人生に大きな影響を与えた出来事は、小6時にテレビで見た98年長野。チェアスキーヤーのレベルの高さに衝撃を受けた。テレビの中で、自分とは別次元の滑りが繰り広げられていた。同時に、大きな目標も芽生えた。

「あの舞台に立ってみたい」

中学に入ると、地元のスキーの少年団に入団した。チェアスキーで滑るのは自分1人だけだったが、必死に食らいついた。

障がい者スキーのアルペン競技は、片足もしくは両足で滑る立位、チェアスキーで座って滑る座位、視覚障がいのカテゴリーに分かれて行われる。狩野が属するジャンルは座位で、そこから障がいの程度によって5つのクラスに分けられる。下肢に機能障がいがあるが、座位バランスはある程度とることができる狩野は、ちょうど真ん中のクラスに該当する。

クラスは分けられるが、タイムは同カテ

ゴリー全ての選手で競い合う。実測タイムにクラスごとの「係数」をかけた「計算タイム」を計測して順位を決める。例えば、障がいが重いクラスの選手と軽いクラスの選手が同タイムで滑った場合、重い選手の方が「計算タイム」は速くなる。

種目は「高速系」と呼ばれる滑降、スーパー大回転、「技術系」の大回転、回転、そして高速系と技術系の要素を組み合わせたスーパー複合の5つ。ルールは健常者のスキーとほぼ同様だ。狩野が得意とする種目は高速系。重い方がスピードが出ることもあり、他の選手より2、3㎏重いチェアスキーを使っている。

父・操さん曰く、小さい頃からスピードを出すことが大好きで、猛スピードでコースにアタックしては派手に転んでいたという。

本格的に競技に取り組み、めきめきと頭角を現した少年は、中2時に障がい者スキー北海道大会で優勝し、全国大会に出場した。04年には初めての国際大会となるW杯オーストリア大会に派遣されるなど、世界へまい進。20歳を前にして日本を代表する選手へと成長し、パラリンピックへの切符も手に入れた。

しかし、迎えた06年トリノで世界の壁を痛感する。

大回転は途中棄権、回転は27位の惨敗だった。

あの日、テレビで見て憧れた舞台のレベルは、想像を超えていた。レース後、趣味の延長線上でしかスキーと向き合っていなかった自分に気づいた。勝てるわけがなかったのだ。

それから、生まれ変わったように努力を重ねた。

まず取り組んだポイントは、苦手だったターンの改良。来る日も来る日も練習に励んだが、板全体を使うコーナリングは一向にうまくいかなかった。

要因は障がいにあった。通常のターンは姿勢を前傾に保ちながら行う。しかし、狩野の骨盤は体を反らせるように変形しており、重心を前に置くことができなかった。

発想を転換した。「体重を後ろにかけたまま曲がる」。スキーのコントロールが非常に難しく、転倒やコースアウトの危険性と隣り合わせだが、成功すれば誰よりも速く滑ることができる技術だった。

やるしかなかった。スピード好きの性分にも合っていた。挑戦開始以降、10試合連続でリタイアすることもあった。不安にも襲われたが、「自分の滑りはこれなんだ」という確信があった。七転び八起き。ひたすら滑り込んだ。

取り組み始めてから4年が経った頃、障がいを逆手に取った唯一無二の高速ターンは完成の時を迎えた。

手に入れた武器の真価が問われた10年バンクーバー。誰よりも結果が欲しかった。がむしゃらに滑り、表彰台の頂点に上った。さらに技術と経験に磨きをかけて迎えた14年ソチでは2冠を達成。大回転では出場選手中ただ1人、1分20秒を切る1分19秒51をマーク。2位に2秒09の大差をつける圧勝だった。

アルペンスキーヤーは夏に自分を育てる。17年初夏、転勤先の大阪で厳しいトレーニングに励んだ。テーマは、競技中に起こるどんな状況にも対応できる体をつくること。

勝利の鍵は依然、スキーのコントロールが握っている。理想は体幹、上肢、バランス感覚などの残存機能を総動員し、体勢が崩れても瞬時に立て直すことができる肉体。高い負荷をかけたウエートトレーニングで筋力アップを図ると共に、全ての動作の精度やキレを上げるため、バランス感覚を磨くトレーニングや持久力強化、関節の可動域を広げるストレッチ運動にも力を入れた。

地道な鍛錬に「修業のよう」と苦笑しながらも、「しんどい時には自分で自分に声を掛けてやるしかない。自分と向き合い、追い込んで伸びていくしかないんですが、限界を超えるにはすごくいい時期なのかなと思います」と力を込める。

アグレッシブな滑りから想像もつかないほど、普段の表情は穏やかで、しゃべりも朴とつとしている。しかし、瞳の奥には勝負師の炎が宿る。

「やり残したことがない状態で雪上に戻りたい」

16―17年シーズンはW杯、世界選手権ともに優勝はなかったが、心配は無用だ。4年をかけて体と技術を進化させていくタイプ。パラリンピックに照準を合わせて自身の状態をピークに引き上げる能力の高さも、過去の成績が証明済みだ。

一発本番でぶっちぎるための、修行のような夏。18年平昌のスタート地点にスタンバイした時、きっと脳裏には勝利への道筋が浮かんでいるはずだ。

【プロフィール】かのう・あきら。1986年3月14日、北海道網走市出身。網走南ケ丘高—岩手大福祉システム工学科—マルハン。小3時の交通事故で両脚の機能を失い、チェアスキーヤーに。06年トリノから3大会連続パラリンピック出場。10年バンクーバーではスーパー大回転で金メダル、滑降で銅メダルを獲得。14年ソチではスーパー大回転、滑降で金メダルに輝いた。クラスはLW11。

若きアスリート

リオのヒロイン

辻 沙絵

陸上

最初から諦めるのではなく、何でもやってごらん 挑戦してみて学ぶことはたくさんあるから

リオの夜空に地鳴りのような歓声がこだました。

２０１６年リオパラリンピックの陸上競技場「エスタジオ・オリンピコ・ジョアン・アベランジェ」。陸上女子４００ｍ（Ｔ47）決勝で第3レーンを走る辻沙絵は、第7、８レーンの選手とほぼ並んで最後の直線に入った。

短距離走の中で最も過酷といわれる４００ｍ。１００、２００ｍにも出場したが、メダルを狙う本命種目と決めていた。「焦ったら負ける」。前半はペースを抑え、中盤以降に追い上げる作戦だった。

最初の２００ｍを予定通りの28秒台で通過。ライバルたちのペースが落ちる中、両腕を力強く交互に振り続けた。左腕にはミサンガ、右腕には銀色に光る競技用の義手。終盤もスタミナ

を切らさず、ホームストレートで執念のラストパートをかけた。

背中には、もう誰もついてこない。一心不乱にゴールだけを見つめ、4位以下の選手を置き去りにした。

作戦通りの銅メダル獲得。険しい表情を覆っていたサングラスを外すと、整った顔立ちから笑みがこぼれた。

「メダルを目標にしてきたので、本当にうれしい」

国旗に身を包み、表彰台に上がるトップ3で記念撮影に応じた。その姿は間違いなく、リオ大会のシンデレラ誕生の瞬間だった。


ミックスゾーンでのインタビュー。喜びの後に、報われた日々への思いがあふれ出した。

「どの色でもいい。メダルが欲しかった。たくさんのものを犠牲にし、つらい練習も乗り越えてきた」

輝く笑顔が嗚咽と共にゆがむ。その涙には、万感の思いがこもっていた。

腕は生えてくると信じていた。幼少時

はそう考えていたが、3歳違いで生まれた弟に腕があったことから、自分は違うことを悟った。両親は1人でも生きていけるように愛情を持って厳しく育てた。そんな家族の元で失敗を恐れないチャレンジ精神と負けじ魂を培った少女は、小5から健常者と一緒にハンドボールを始めた。

ハンドボールはその名の通り、手を使って捕球、パスを行うスポーツ。辻は先天性で右前腕がないため、捕球には苦労した。すり傷だらけになりながら練習を繰り返し、独自の捕球方法を模索。中学時代に指導してくれた小林礼教諭は障がいをできない理由とすることを許さなかったという。将来を見据えた厳しい指導の下、辻は左手に右腕の先を添えてボールをつかむ独特のキャッチングを編み出した。

高い運動能力に努力が加わり、中学を卒業すると、強豪・茨城県立水海道第二高にハンドボール留学。健常者と互角以上に渡り合い、部活動に打ち込んだ。

本当にできるのか。同高の監督として3年間、辻を指導した飯田健一教諭は、当初は懐疑的だったという。しかし、実際に彼女のプレーを見た時、考えは一変した。

「すごい。この子ならできる」

そのプレーは、辻が小林教諭と共に生み出した独特のキャッチング。アスリートとしてのポテンシャルを感じ取り、チームの主力に鍛え上げることを決めた。

やはり、身体能力は一級品だった。1年でベンチ入りし、2年でレギュラーを獲得。その年にはチームを全国高校総体に導き、8強入りの原動力となった。同年冬には左膝前十字じん帯

断裂の大けがを負ったが、数カ月で復帰。全国大会出場に間に合わせるド根性を見せた。
高校卒業後はスポーツ推薦で日本体育大学に進学し、関東1部リーグに所属するハンドボール部に入部した。「健常者と互角に渡り合っている」という自負もあった。ハンドボールは彼女の人生そのものだった。

転機が訪れたのは、大学2年の時。日本体大で実施されたパラリンピック選手発掘プロジェクトの1人として白羽の矢が立ったのだ。

中学時代にも右膝じん帯を損傷するなど、けがが多い辻の起用法を思案していたハンドボール部の監督も、パラ競技への転向を打診した。健常者の中でプレーすることが当たり前だった辻は、少なからず動揺した。

「最初はショックでした。〝別の競技でメダルを獲ってみないか?〟という誘いだったのですが、なぜパラスポーツというくくりに入らなければならないのかなって……」

専門性の高い体力測定の結果、瞬発力の高さを買われて陸上競技を勧められた。日体大陸上競技部の監督・水野増彦氏の夫人で、当時、同部のアシスタントコーチを務めていた洋子氏が走りをチェックしたところ、やはり高い適性があることが分かった。

パラ陸上は、ルール自体は健常の陸上とほぼ同じだが、障がいに応じたクラス別に実施され、同程度、同分野の障がいを持った選手同士で争う。

クラスはアルファベットと数字で示され、右前腕がない辻は、トラック競技を示すアルファベット「T」、そして切断などの障がいを持つ立位選手をカテゴライズした数字で構成された「T47」の選手に該当した。

人生をかけてきたハンドボールか、それとも――。

葛藤の末、辻は陸上競技を始めることを決意。自分だからこそできる挑戦であること、そして先には世界の舞台が待っているという期待感が背中を押した。

ここから、シンデレラストーリーの幕が開ける。

本格的に陸上に取り組み始めた時期は15年3月。ハンドボールでは相手を制御するため腕を横に振りながら走っており、まずはフォームの矯正からスタートした。

当初の記録は１００m14秒8だったが、洋子氏らのアドバイスを短期間で吸収。陸上２カ月後に出場した大分パラ陸上で１００m（13秒69）、２００m（27秒77）をマークし、いきなり２種目で日本新記録を樹立した。

さらに快挙は続く。同年7月の関東身体障害者陸上競技選手権では100mで0・47秒記録を更新。同年9月ジャパンパラでは200mで0・29秒タイムを縮め、陸上を始めて半年で2度も日本新記録を樹立するという大仕事をやってのけた。

パラリンピックへの思いが強まったのは、同年10月世界選手権。カタール・ドーハで行われた大舞台で100m6位入賞も、男子走り幅跳びで優勝した山本篤の表彰式をたまたま見かけ、うらやましさがこみ上げてきた。国歌を流すことができるのは1位の特権だ。

「私もメダルが欲しい」

当時はハンドボールとの〝二刀流〟だったが、同年12月には転部して陸上ひとすじに絞ることを決めた。

同じ頃、日本体大陸上競技部内に障がい者アスリート部門「パラアスリートブロック」が新設された。辻は第1期生となり、同部門の環境に後押しされることになった。

例えば、パラ陸上の世界選手権に出場するには、1人60万円ほどの経費が掛かる。当時、強化指定Bだった辻に協会から支給される補助金は20万円。また、国内の大会は地方で行われることが多いため、出場するたびに経費がかさむ。個人の強化費だけではとても賄えない状況だった。

しかし、プロジェクトが立ち上がったことでそこに経費が注がれ、費用の心配をすることなく競技に専念できる環境が可能となった。

監督には、才能を見出した洋子氏が就任。走りのバランスをとるために必要な競技用義手もつくられるなど、メダルへのバックアップ態勢は整いつつあった。

進む道は「パラリンピックでのメダル獲得」一本に定めた。

辻は必死で課題の克服に取り組んだ。15年9月ジャパンパラで浮き彫りとなった問題点は「接地した足ともう一方の膝の位置関係」。

右足が地面に接地した瞬間、右足よりも左膝を前に出すことで推進力を生み出そうとしていた。

しかし、それは一歩間違えると力が「上へ上へ」と行ってしまう危険をはらんでいた。地面からの反発力をうまく推進力に変えるため、「前へ前へ」という動きを意識し、フォームを改善させていった。

16年3月にドバイで行われた国際大会では、レースで初めて義手を装着。体の無駄な動きが減少し、推進力が増した。記録もさらに伸び、4月の日本選手権100mでは、12秒86で日本記録をまたも更新した。

100、200mでの活躍が取り沙汰されていたが、リオでは400mでのメダル獲得を目指していた。同シーズン世界3位のタイムを記録しており、メダル圏内にいた。大会前の2カ月は400mのトレーニングを中心にタイム感覚を養うトレーニングを行い、レース終盤での粘りを養うため厳しい乳酸耐性トレーニングも取り入れた。

もはや国内に敵はいなかった。6月、リオパラリンピック代表の最終選考会を兼ねたジャパンパラでも100、200、400mの〝三冠〟を達成。翌月、日本代表に見事選出された。

陸上を始めてわずか1年半足らず。

パラ界のシンデレラは、メダル獲得の期待を背負ってブラジルの地へと渡った。

ラテン音楽と、ノリの良いブラジル人の喝采に包まれたスタジアム。

栄誉のため、生活のため、自己表現のため。それぞれの〝理由〟を背負い、勇猛果敢にメダルを獲りに来る選手たち。

感じたことのない空気に飲まれ、初めて「試合に行くことが怖い」と思った。

自身のパラリンピック開幕戦となった100mでは、自己記録に及ばず決勝で7位にとどまった。予選では緊張から体が硬くなった。しかし、決勝は「リラックスしてレースを楽しめた」と吹っ切れた。

メダル獲得の照準は続く400m。決勝レースのスタート直前、上半身と下半身を軽く叩いて〝お守り〟の金のネックレスを左手で握り、心を落ち着かせた。これは大会時のルーティン。ネックレスは辻が生まれた時に伯母夫婦が作ってくれたリングに、洋子氏からプレゼントされた金のチェーンを組み合わせたもの。チェーンには「パラリンピックで金メダルを獲れるように」との意味が込められていた。

迎えた号砲。上位の選手から離される展開となったが焦らず、改善を重ねた自分のフォームを貫いた。ラスト100m。乳酸耐性トレーニングが実を結び、スリランカ選手らとの銅メダル争いを制した。

大好きだったハンドボールとの別れ。

過酷なトレーニング。

家族や友人、監督たちの支え。

全てが報われた瞬間だった。

シンデレラストーリーとその美貌から〝パラスポーツの顔〟としてメディアに取り上げられる機会が増えたが、20年に向けてすでに気持ちは切り替わっている。

「競技歴がまだ浅いので、やらなければならないことはたくさんある。そこを一つずつクリアして、まだまだ上の記録を目指してやっていきたいです」

リオでは200mでも7位に敗れたが、それも東京大会への糧。

「東京パラリンピックでもっといい色のメダルを獲って初めて、100%転向して良かったと言えると思います。やっぱり金がいいですね」

競技外でも新たな一歩を踏み出した。17年3月に日体大を卒業。4月からは同大大学院に進学した。

教師になるという夢もある。リオから帰国後は、母校の水海道第二高で教育実習を行った。

障がいのある子どもたちには「最初から諦めるのではなく、何でもやってごらん。挑戦してみて学ぶこともたくさんあるから」と伝えている。

有言実行。自身も挑戦を続ける。「パラスポーツだからメダルを獲れたんでしょ?」。そんな言葉の払拭にも挑む。

「いつか、健常者と陸上で勝負したい」

パラ界のシンデレラは、どこまでも負けず嫌いだ。

【プロフィール】つじ・さえ。1994年10月28日、北海道函館市出身。函館市立本通中学校—茨城県立水海道第二高校—日体大—日体大大学院在学中。障がいは先天性右前腕欠損。クラスはT47。10歳の頃から健常者の中でハンドボールを始め、高校、大学共にスポーツ推薦で入学するなど活躍。大学時に陸上に転向し、競技歴わずか1年半でパラリンピックの銅メダルを獲得した。T47クラス100、200、400mの日本記録を保持。家族は両親と姉、弟。趣味は映画鑑賞。EXILEのTETSUYAの大ファン。1m58、46kg。

成田兄妹の末っ子

成田緑夢

陸上、スノーボード

目の前の一歩を考える
それを乗り越える、乗り越える、乗り越える……
そうするうちに後ろを振り返ってみると、知らない間に上がっている

緑夢と書いて、「ぐりむ」と読む。日本で有名なスポーツ一家の末弟だ。父・成田隆史さんの英才教育を受け、兄・童夢、姉・メロは2006年トリノ五輪スノーボード代表となった。緑夢も当然のように、物心つかぬうちから五輪出場を目標としていた。あの日までは。

「足が動かなくなってしまったんですよね。医者からは〝左脚切断かもしれません、歩ける確率は20%、一生動かないかもしれない、スポーツもできなくなります〟って言われてしまったんです」

1歳からスノーボードを始めた。兄たちはフリースタイルスキーのモーグル種目で大人顔負けの滑りを見せ、「成田兄妹」としてスキー界で名を知られる存在だった。兄妹そろってモーグルを経てスノーボードへ移行する中、緑夢も4歳の時、98年長野五輪で前走のデモンストレーターを務めた。

五輪の申し子。スノーボードのエアー技練習に取り入れたトランポリンに本腰を入れ、スノーボードは12歳で一時休止。兄、姉が06年トリノ五輪に出場する姿を間近で見ながら、トランポリンで10年の全国高校選手権男子で歴代最高の16・3点をマークし、最高難度点を受賞した。父が新設したトランポリン教室「夢くらぶ」で練習を積み、夏季五輪出場を目指した。

「兄、姉がオリンピック選手で、自分は1歳の時からずーっとスポーツと触れ合ってきて、触れ合ってきて、触れ合ってきて……。昔からスポーツしてきたんで」

冬季競技では14年ソチ五輪で新設されたフリースタイルスキーのハーフパイプ種目での出場を期待され、強化指定選手に抜擢され、13年3月には世界選手権初出場を果たした。

すべては順風満帆のはずだった。

世界選手権から約1カ月後、13年4月11日。大阪市内の自宅屋上にあるトランポリンでいつも通りの練習を始めた。メニューは強化練習。両足首に5kgのおもりをつけ、反動をつけて飛び跳ねた。

空中で1回転。着地の時に左膝が〝逆くの字〟に曲がった。屈託のない笑みを絶やさない顔がゆがんだ。

「バキッといきました。左膝があり得ない方向に曲がったんですよ。関節と逆の方に。脱臼か骨折かと思ったんですけどね。入院して1週間は痛くて眠れなかったですね。地獄でしたよ。半年間30分に1回、麻酔を打ってくれるんですけど、そのことだけを考えて生きていました。半年間入院して4回手術して、それでも左脚を触っても感覚がなかったので、〝アカンかも〟と思いました」

前十字じん帯断裂、後十字じん帯断裂、内側半月板損傷、外側半月板損傷、腓骨神経損傷、脛骨神経損傷、動脈損傷。

リハビリ後も左膝下にまひが残り、障がい等級6に認定された。約半年の入院生活を終えると、ソチ挑戦のため本格的に練習を再開したが、目標としていたソチ五輪は幻となった。

物心がつく前から宿命と信じていた五輪出場の夢は断たれた。選手生命も危うい。しかし、スポーツひとすじで生きてきた緑夢は〝できなくなった〟ではなく、〝どうしたらできるのか〟を模索し続けた。

「すぐに切り替えはできなかったです。ソチ五輪は見ませんでした。ずっとスポーツをやってきたので、なかなか夢を諦めたくないなあと思っていました。過去にやっていたウエークボードという競技から一歩ずつ行きました。障害者手帳を持ってるならパラリンピックに出られる可能性があると聞いたんです。〝僕が？〟と思いましたが、パラリンピックを目指す資格があるか、試験を受けたらＯＫが出ました。それなら競技を選ぼうとなって、卓球や水泳、陸上競技の協会とかいろんなところに電話をしまくって。パラリンピック競技の選手発掘イベントに行って、自分で団体にも電話したり。そんな時に、パラ陸上の山本篤さんが誘ってくれたんです」

15年秋から本格的にパラ陸上を開始した。16年日本選手権では下肢障がいのＴ44クラスの走り高跳びに出場。同年に開催を控えたリオの参加標準Ａ記録1ｍ70を超える1ｍ74をマークして2位に入った。結果的に代表入りは逃したが、代表入りは射程距離という自信を得た。

「100ｍを走る中で走り高跳びにも挑戦したら、練習1カ月で1ｍ70が跳べた。そのうち、篤さん、パラ陸上の走り高跳びの鈴木徹さんに沖縄合宿へ連れて行ってもらって本格的に始めました。記録が1㎝上がった！とか、ちょっとした一歩を達成できた時って楽しいんですよね。

ああ、新しい夢ができたなと思って。大会に出るのが楽しいんです。競技を始めて半年で世界ランク8位に入りましたし」

温故知新。パラ陸上開始と共に、本来の専門である冬季競技を再開した。パラスノーボードだ。12歳を最後に一時休止していた時間を巻き戻し、再びボードに乗った。競技としては約10年離れていたが、体は覚えていた。

「振り返ってみると必ずデータが残っていて、それが次の一歩への自信になりました」

データとは、幼少時からさまざまなスポーツをスパルタで体験してきた積み重ね。左膝下にはまひがあり、時には痛みも出る。スノーボードではかかとに荷重する技術「ヒールエッジ」が必要だが、左足にまひがある緑夢には使うことができない動きとなった。そこで「左脚が動かないので、できる限り右脚をボードの中心に持っていき、リカバリーしながらアプローチできるような滑り」に改善。体にしみついた動きに障がいに対応したテクニックを加え、16―17年シーズンに大幅な進化を遂げた。

W杯初戦では、斜面を駆け降りるバンクドスラローム種目で2試合連続4位入賞。2戦目の米国大会では、障害物レースのクロス種目で初優勝を飾った。シーズンを通してW杯3度優勝、そして世界選手権（カナダ）ではバンクドスラローム種目で銅メダルを獲得した。

「初めての世界戦の中でこんな成績を収められて驚いているし、嬉しい。でも、まだ成績の安定性に欠けるので、来シーズンは安定した成績を残せるようにしたい」

中でも、18年平昌のプレ大会ともいえるW杯韓国大会（平昌）でクロス3位、バンクドスラローム優勝は大きい。平昌の印象について「柔らかい雪を固めた感じ。寒い時と温かい時で差が激しい。その両極端を練習しながら本番に臨みたい」と意気込んだ。

13年4月11日は忘れることができない。しかし、あの日からアスリートとして進化した。「目の前の一歩を考える。それを乗り越える、乗り越える、乗り越える……。そうするうちに後ろを振り返ってみると、知らない間に上がっている」

目の前の一歩を進んできた緑夢は、新たなアスリート像を描く段階に入っている。

まず、パラリンピックでの夢。18年平昌、20年東京の夏冬出場。17年現在、冬はスノーボード、夏は陸上、そしてトライアスロンで挑戦する可能性が高い。実現すれば、14年ソチのバイアスロン銅メダルと16年リオ陸上に出場した久保恒造、16年リオのトライアスロン出場とノルディックスキーで冬季2大会出場の佐藤圭一に続く日本男子史上3人目の快挙となる。

さらに、五輪出場の夢も持ち続けている。

「数年前の夢は、夏冬の五輪に出ることでした。夏は東京で新競技になりそうだったウエークボード、冬はスノーボードでと思っていました。今はパラリンピックの夏は陸上、冬はスノーボードで夏冬出場が目標です。でも、五輪出場も考えているんです。何の種目かはまだ、考えています。けがをきっかけに、本当のスポーツのパワーというものを気づかせてもらったような気がします。僕の行動を見てると頑張ろうと思うみたいな、スポーツを通して大きな勇気を与えられるようなアスリートを目指しています」

日本で夏冬五輪出場は自転車とスピードスケートで橋本聖子、関ナツエ、大菅小百合、陸上とボブスレーで青戸慎司がいる。五輪、パラリンピックの両方に出場した選手は、海外では卓球のナタリア・パルティカ（ポーランド）、メリッサ・タッパー（豪州）、アーチェリーのザハラ・ネマティ（イラン）がいるが、日本でまだ誰もいない。若きアスリートは新たな道を切り開こうとしている。

五輪、パラの区別なく活躍する新たなヒーロー。パラ陸上の師匠にあたる山本篤は「緑夢はすごいですよ。まだ若いのに、スポーツのプロとしての考え方がしっかりしている」と絶賛する。

そう、緑夢は18年平昌を迎えるまで、まだ23歳なのだ。

「けがをする前は本当にシンプルにスポーツをしていて、一番上が五輪の表彰台、メダルという細く長いラインしか見えていませんでした。でも、一度そこから離れてみて〝これだけじゃないんや、世の中は〟と分かりました。社会はもっと広く、高いんだと。僕が掲げたい夢はこれなんじゃないかなと思ったんです」

20年東京。その地に、ボーダーレスのスーパーアスリート・成田緑夢が立っているかもしれない。

【プロフィール】なりた・ぐりむ。1994年2月1日、大阪府大阪市出身。上宮高卒。父・隆史さんのスパルタ教育で冬季スポーツに励む「成田兄妹」として知られた。1歳でスノーボードを始める。06年トリノ五輪スノーボード代表の成田童夢、今井メロを兄姉に持つ。トランポリンでは11年全日本選手権10位。フリースタイルスキー・ハーフパイプでは13年世界ジュニア優勝。15年10月からパラ陸上走り高跳びに挑戦。16年6月ジャパンパラでもリオパラ参加標準記録（1m70）を上回る自己ベスト1m75。障がいクラスは陸上で下肢障がいのT44、スノーボードはLL2。現在はトランポリン教室「Super トランポリン」を監修。1m73、63kg。

水のプリンセス
一ノ瀬メイ
水泳

泳ぐのが速いだけじゃなくて人間としてしっかり世界に通用するレベルの高い競技者になりたい

リオへの出発前、ヒロインは泣いていた。

パラアスリートとして初の部員となった近畿大学水上競技部でオリンピック・パラリンピック壮行式が行われた。初の大舞台へ旅立つ当時2年生・一ノ瀬メイへのはなむけとして、部員は水泳界独特の応援、通称「ワンパ」でエールを贈った。

「ＪＡＰＡＮ」のジャージを着用した一ノ瀬の前で、部員たちはメガホンを握って中腰となり、円陣を組んだ。声出し役が先陣を切った。

「メイのーっ！」

「健闘を祈ってーっ！」

「ワンパーッ！」

「ワンパーッ！」

野球部がイニング間の円陣で行うような「声出し」。水泳界独特の応援、気合注入法だ。五輪の競泳代表も試合前に全員で円陣を組み、中央に立つ声出し役が「勝つのはどこだーっ」と呼びかけ、円陣側が「日本だーっ」などのように呼応する儀式が恒例化している。

近大の壮行式会場に男子部員の野太い声、女性部員の張り上げた声が交錯した。メガホンで床を叩き、最後は三三七拍子が加速度を増してメガホン乱れ打ち。

「行くぞーっ」

締めくくりの言葉を合図に拍手が巻き起こり、主役は青いジャージの袖で涙をぬぐった。大会でも、テレビ出演でも人を引き付ける笑顔を絶やさない一ノ瀬が泣いていた。

2016年3月。リオの代表選考会となる春季記録会（静岡）に臨んだ。以前までの実績は加味されず、本大会の記録で代表を争う一発勝負の選考だった。

高校卒業後はスポーツ推薦で近大へ進学し、体育会の近大水上競技部に入部した。日によってバラツキはあるが、週に午前午後合計で10回の練習があり、１日に１万mもの距離を泳ぎ込む。

例えば、ある日の1日は朝5時に起床。おにぎりを作って寮を出発し、5時45分開始の早朝練習でみっちり泳いでから授業へ向かう。遠征、大会出場で大学を留守にすることが多いため、大会がない時はきっちり授業に出席している。夜はウエートトレーニングをこなして就寝。かなりのハードスケジュールだ。

入学後は大学の試合、パラの試合が重なることが多く、「応援された」経験がなかった。しかし、リオ選考会では違った。一ノ瀬のレース前、観客席にブレザー姿の学生集団が現れた。近大水上競技部だ。

地元・京都からバスに乗ってやってきた関係者に加え、部員50人が本人に内緒で登場。試合前調整のプールで部員の存在に気づき、一瞬あっけにとられて時が止まった。

「ワンパーッ！」

観客席上段に陣取った部員たちが叫んだ。

リオ出場を目指す大本命の種目は２００m個人メドレー。先天性右前腕欠損の一ノ瀬が所属する障がいクラスはＳＭ9。泳法によってＳ（自由形、背泳ぎ、バタフライ）、ＳＭ（メドレー）、ＳＢ（平泳ぎ）のアルファベットで区分けされ、さらに障がいの内容、度合いによってパラリンピックでは1〜14のクラスに分類される。例えばS9、SM9、SB9は腕、脚問わず、おしなべて片方に障がいを持つ選手が多い。

パラリンピック出場は有望視されていたが、参加標準記録をクリアしたからといって即出場できるわけではなく、よりレベルの高いタイムを定めた「派遣標準記録」を突破しなければ即内定とはならない。パラリンピックは年々競技レベルが向上し、メダル争いは激化している。

かつて水泳で合計21個のメダルを獲得し、国際パラリンピック委員会（IPC）で日本人初の殿堂入りを果たした河合純一さんは、リオから10年前の96年アトランタで男子50m自由形の全盲クラス（当時名称・B1）で金メダルに輝いた。当時のタイムは27秒24。選手としては92年バルセロナから12年ロンドンまで出場した中で、アトランタは初めて金メダルを獲った大会だった。

リオで同じ種目の全盲クラス（現・S11）で銀メダルを獲得した木村敬一は26秒52。パラスポーツ界のリビングレジェンド・河合さんのタイムを上回っていても、金メダルを獲ることができない時代になっている。

一ノ瀬は大学入学後、急速にタイムを短縮してきた。国内最高峰の大会であるジャパンパラ、日本選手権はもちろん、毎春に行われる「春季記録会」においても、出場するたびに自己ベストを更新し続けているといっても過言ではない。リオ選考会でも、派遣標準記録に近いタイムを叩き出すことで、代表選出が期待されていた。

レースが始まった。最も得意な200m個人メドレーだ。最初の50mはバタフライ。水面に顔を出すたびに、知っている声が聞こえた。

部員の大声援が会場中に響き渡った。統一感のある大声量に驚いた観客からどよめきが起こった。手慣れた応援団は200mを泳ぎきる間、一糸乱れぬ声出しで一ノ瀬を後押しした。

「泣きそうになりました。試合であんなに応援してもらったことがなかったので、すごく嬉しかった」

初めて自分のためだけに「ワンパ」を叫んでくれる喜びをかみしめながら、水をかき分けた。背泳ぎ、平泳ぎ、そしてラストの自由形。ゴールタッチした瞬間、手応えがあった。

「決まった」

電光掲示板には、自己ベストを4秒16短縮する2分41秒35。日本記録を叩き出し、プール左側上段の観客席で声を出し続けた応援団に向かってガッツポーズした。

念願のパラリンピック初出場を果たしたが、リオでは世界の壁に直面した。本命種目は200m個人メドレーで、他種目にも出場自体は可能であるため、日本選手団最多の8種目に登場した。しかし個人種目はすべて予選敗退。目標を自己ベストに定めたが、クリアできた種目は100m自由形のみ。2種類のリレーは6、7位だったものの、レベルの差を痛感することになった。

「パラリンピックで〝あわよくば〟はない。絶対的な実力がなければ勝てない舞台だと痛感しました。決勝に届かなかったことよりも、満足して帰って来られなかったのが一番悔しい」

愛くるしいルックスと、芯の強さを思わせる姿勢に注目が集まり、CMに出演するなど一躍ヒロインとなっていた。メディアには時間が許す限り、出演するようにしている。理由は「世界を変えたい」という大きな目標があるからだ。

断られた理由は「腕がないから」だった。

1歳半から水泳を始め、実家近くにある京都市障害者スポーツセンターのプールに通っていた。クラシックバレエも習っていたが、9歳の時に、04年アテネ、08年北京時のパラ水泳日本代表監督・猪飼聡さんに勧められて本格的に競技に取り組んだ。

10歳の時、水泳教室へ入会を申し込んだ。しかし、泳ぎを見てもらうこともできず、門前払いを食らった。理由は、先天性の右前腕欠損だった。

幼少時から母・トシ美さんから「障がいを隠す必要はない」と育てられてきただけに、ショックは大きかった。

「こうやって、障がい者になるのか」

日常生活でも自分で工夫し、方法を開発してきた一ノ瀬にとって、障がい者というくくりは周囲がつくり出すものだと感じた。

「こっちから願い下げ。今に見ていろ」

反骨心をパワーに変えることに決めた。

海外生活を経て吸収したこともあった。小4の途中から1年間、家族と共に英国で生活した。現地で通ったスイミングスクールに申し込んだところ、返答は「ウエルカム」。プールでは健常者も障がい者も泳いでいた。出場できる大会も多く、自由な心で過ごすことができた。

そして、障がいに対する考え方として「個人モデル」「社会モデル」の2通りがあることを知った。個人モデルとは、障がいがあることによって個人が直面する困難は本人、その家族がクリアすべきだという考え方。そして、社会モデルは社会こそが壁を作っており、その壁を取り除くべきは社会側にあるという考え方だ。

10歳当時、水泳教室で門前払いにあった。その時に感じた「こうやって、障がい者になるのか」という思いは、まさに「個人モデル」と「社会モデル」の違いだった。

帰国後も水泳を続け、13歳の時に10年アジアパラにチーム最年少出場。高校生の時には12年ロンドン出場を目指した。当時の自己ベストは派遣標準記録にあと0・2秒と迫っていたが、結果的にあと0・31秒及ばなかった。

パラリンピック出場を目標に掲げ、ようやく実現したのが16年リオだった。

夢の実現に向けて、一ノ瀬は突き進む。

「リオに出場して〝自分は（東京で）勝てるんかな〟って思ったんです。でも、コーチや監督は〝確信した〟と言ってくださった。大事なのは、世界選手権やアジア大会でどういう結果を出すか。課題を一つずつつぶして、絶対的なメダル候補になっていけるようにしたいです」

スイマーとしての成績と共に、少女時代から抱く夢の実現も同時進行する。

「『腕がないのに、こんなにも泳げるんや』とかでもいい。何かを感じてほしいんです。泳ぐのが速いだけじゃなくて人間としてしっかり世界に通用するレベルの高い競技者になりたい」

SNSを通して、障がいがある子どもを持つ親からメッセージをもらうことが増えた。街で声を掛けられることも多くなった。

いつか、障がいを持つ子どもが「障がい者」と区別されるのではなく、「メイちゃんみたいだね」と特徴として受け入れられる日を。

20年東京がそんな未来であるように願い、一ノ瀬はきょうも泳ぎ続けている。

【プロフィール】いちのせ・めい。1997年3月17日、京都府京都市出身。紫野高―近大経営学部経営学科。16年リオでパラリンピック初出場を果たした。リオの本命種目は200m個人メドレーで、ほかに50m自由形、100m自由形、背泳ぎ、バタフライ、平泳ぎ、リレー2種目の合計8種目出場。障がいは先天性右前腕欠損。クラスはS9、SB9、SM9。1m67、59kg。

文武両道　東京のホープ

永井崇匡

柔道

辛い状況に立った時も自分を信じ続け妥協しない

「見えないとできないことは当たり前のようにあるわけですけれど、工夫すればできることもたくさんあるんです」

視覚障がい者柔道の期待の星・永井崇匡は理知的に、さらりと言ってのける。

学習院大に通いながら、東京都内でアパート住まい。中学から盲学校の寮に入ったため、親元を離れての生活は10年になる。家事も通学も1人でこなしている。

所属する学習院大柔道部は、自身以外は全員健常者。練習は週6回、他の部員と同じメニューに励む。

視覚障がい者柔道でワールドクラスの技術の持ち主は、それだけでは飽き足らない。さらに高いレベルを求め、出稽古にも足を運ぶ。

「慶応大学や大正大学さんによくお世話になっています」

文武両道に励む独り暮らしの学生。工夫すればできることはたくさんある。

1歳の時、病気で両目の視力を失った。柔道との出合いは小1の時。両親の知り合いに柔道の指導者がおり、道場に連れて行ってもらったことがきっかけだった。

柔道がどういうものなのかはイメージできなかった。しかし、わんぱくざかりの少年にそんなことは関係なく、技がうまくいった時の喜びと、そうならなかった時の悔しさで、すぐに夢中になった。無心で汗をかき、疲れ果てて家に帰宅しては爆睡する。そんな幼少期を送った。

競技を楽しむ一方、新しい技を覚えるには集中力と根気が必要だった。

健常者のように視覚で動きを習得できないため、まずは技の仕組みを体感するために、その技を自分で受けることから始めた。さらに、実際に技を掛けている体の部位を触ったり、手足の動きを言葉で説明してもらったり。触覚と聴覚、そして持ち前の理解力で学び取った。

やり始めたら妥協を許さない少年は着実に実力を蓄え、高1時の２０１１年にワールドゲームズ（トルコ）に出場。15年には全日本選手権73kg級で優勝するなど、国内トップクラスの選手に成長した。16年リオは、以前は１００kg級に出場していた実力者・北薗新光がなんと3階級減量して代表決定戦に登場したこともあって出場できなかったが、16年には全日本選手権連覇を果たした。

全盲、または弱視の選手を対象とする視覚障がい者柔道は、視力によるクラス分けはなく、体重別で行われる。ルールは一般の柔道とほぼ同じ。１つ大きく違う点は「両者が組み合った状態から試合が始まる」ことだ。

健常者の柔道では近年、組み手争いに多くの時間を割かれるが、視覚障がい者柔道は試合開始直後から技の掛け合いとなる。いわゆる〝秒殺〟も頻発する、ダイナミックかつシビアな競技だ。

激しい技の応酬が繰り広げられる中でも、永井はクレバーに試合を運ぶ。

「釣り手で相手の肩の位置や動きを察知しています。肩の位置を触っていると、相手の足の位置もだいたい分かるので、それで足払いとか、来たらよけるとか、自分から掛けるとか。そういうふうに工夫しています」

得意は寝技。上から抑え込まれても巧みに相手を御して形勢を逆転し、抑え込みや絞め技を決める。

あまりの鮮やかさは天賦の才を感じさせるが、頭の中では常に緻密な計算が行われている。勝負どころで〝勝利の方程式〟をいくつか思い描き、最適だと思われる選択肢を瞬時に実行に移すのだという。

強さの源泉は〝学び〟にあった。大学での専攻は数学。中学以来、数学の面白さに魅せられた。論理の世界で鍛えた明晰な頭脳が、聡明な柔道を支えていた。

「考える力、思考力という点では柔道に生きていると思います」

学業と柔道との両立については「正直、大変です。勉強は嫌いじゃないですけど、難しくて分からないことが多い。柔道も分からないですけど」と苦笑。しかし、学業と向き合うことで生活にメリハリがついているという。

「気分転換ではないですけど、柔道をやっている時と切り替えができるので、いいのかなと思います」

17年春に大学3年になった。大学院への進学や就職も視野に入れるが、大きな夢は数学の教師になること。

「なりたいという気持ちは変わっていません。昔からの夢なので」

「夢」のきっかけとなった人物は、盲学校時代の数学の教師。その教師も全盲で、1人で出掛けた海外旅行の話など豊かな経験を伝えてくれ、たくさんの希望や刺激をもらった。

「こういう人になりたいと思いました。勉強を教えるのはもちろんですけど、僕も生徒たちのためになることを伝えられる先生になりたい」

目標は盲学校の教壇に立つこと。

「健常者と全く見えていない人への教え方は変わってくる。どうすれば目の見えない生徒が分かりやすいかは分かっているつもり。選択できるのであれば、盲学校の先生になりたいです」

大学4年となる18年に教育実習が始まる。

「その準備が始まったので〝自分もやるんだな〟って、やる気になってきたところです。教育実習中は授業で精いっぱいになると思いますが、自分なりの数学のやり方があるので、生徒たちに面白い解き方を紹介できればと思います」と声を弾ませた。

教師の夢と共に大きな目標となっていることが、20年東京パラリンピックだ。

夢舞台で大輪の花を咲かせるため、ウイークポイントだった立ち技の強化に取り組んでいる。

「もう少し投げて、しっかりとポイントを取って勝てる技が必要。自分でゲームコントロールをできるようになりたい」

16年頃までは、安易に内股を繰り出して返される場面もあったが、その課題も重点的に改善中。積極的に相手を崩し、寝技に持ち込むための内股に進化させている。技の幅を広げるため、15年からはブラジリアン柔術も習い始めた。

17年6月、同年10月開催のW杯ウズベキスタン大会（タシケント）の代表選考会が行われた。73kg級は15、16年と全日本選手権決勝で対戦した石橋元気、12年ロンドン5位のベテラン・高橋秀克との3人による総当たりリーグ戦だった。

石橋戦は、鋭い巴投げにたまらず相手が受け身で反則（背中を浮かせて着地）を犯し、反則勝ち。高橋戦では必殺の寝技が決まった。完璧な横四方固めで高橋が「参った」し、一本勝ちを収めた。

強豪相手に成長を証明。2年の浪人生活やけがのため、11年ワールドゲームズ以来遠ざかっていた国際大会への切符を手にした。

しかし、喜びよりも、反省の弁が口を突く。「組み負けることが多く、いくべきところで思い切っていけなかった」。試合後に見せた不満顔は、さらに先を見据える向上心の表れだ。

「パラリンピックに向けて早いうちに世界大会を経験したいと思っていたので、今回に懸ける意気込みは強いものがありました」

11年ワールドゲームズでは1回戦負けを喫した。「まだ全然ダメで、周りとの差も感じていた」と振り返るが、心身のたくましさは当時とは比べものにならない。

「しっかり代表ということを自覚し、攻める気持ちを忘れずに頑張っていきたい」

久しぶりに戦う世界の舞台は東京への足掛かりとなる。


20年のメダル獲得は「当然。優勝するのが一番の目標」と頼もしい。持ち前の思考力を基にした逆算で青写真を描く。

「本番までの期間は、短いようで長いと思っています。その間に勝つこともあれば、もちろん負けることもある。都度、やるべきことが見つかると思うので、冷静に自分で考え、人の意見も参考して成長していきたい」


層の薄さが指摘される日本の視覚障がい者柔道において、若手屈指の実力者に掛かる期待は大きい。一方で念願の教師になり、目の見えない生徒たちに数学、そして世界は広いのだという経験を伝えたい。この文武両道は一筋縄ではいかないだろう。


しかし、工夫すればできることはたくさんある。

「辛い状況に立った時も自分を信じ続け、妥協しないこと」

期待の星が導き出す解は、いつでも明快だ。

【プロフィール】ながい・たかまさ。1995年1月4日、群馬県吾妻郡中之条町出身。筑波大学附属視覚特別支援学校—学習院大（理学部数学科）在学中。所属は同大体育会柔道部。階級は73kg級。段位は二段。1歳の時に病気で両目の視力を失い、小1で競技を開始。15、16年全日本選手権73kg級で優勝。17年W杯ウズベキスタン大会（タシケント）日本代表。20年東京パラリンピックでの金メダル獲得を目指す一方、「数学の楽しさを伝えたい」と数学の教師を目指している。

江東区希望の星

瀬立モニカ

カヌー

カヌーのおかげで人生180度変わったなって感じです
自分がカヌーをやって、何かをすることで
元気をもらったと言ってくれる人たちがいるので
元気を与えられるような存在になりたいなあって思います

フジテレビと言えば、レインボーブリッジ。

いわゆる「お台場」は家族連れ、カップルでにぎわうオシャレな観光スポットだ。都心から見ると、レインボーブリッジを渡った先にフジテレビの社屋がそびえ立ち、シンボルの球体展望室「はちたま」が銀色に輝く。太陽が沈めば、街の灯で彩られた夜景は海の暗闇に囲まれて美しさを増す。

現代の都会的な風景。

レインボーブリッジの向こうにもう1つ、2012年に開通した新しい橋が架かっている。千葉方面から羽田空港側へ抜ける東京ゲートブリッジだ。東京湾に突き出た埋め立て地を南へ突き抜け、橋から江東区となる最南端の埋め立て地を眼下に望む。

東京・江東区は大小合わせて19の河川、運河が行き交う水の都だ。江戸時代から川を中心に文化、商業が発展し、埋め立てを繰り返して拡大の一途をたどってきた。江戸時代から換算すると、面積は3・5倍に増えたという。近年はマンション建設が進む臨海部としても人気を集める一方で、川に面する高層マンションの前を屋形船が通過する。

江戸と現代が交差する風景。

20年東京オリンピック・パラリンピックに向けては17年9月現在、江東区で多数の競技実施が予定されている。オリンピックは33競技のうち11競技13種目、パラリンピックは実施予定の22競技のうち8競技。水がつなぐ風景の中、江東区最南端の埋め立て地には「海の森公園予定地」がある。20年東京のパラカヌー競技が開催される運びとなった。

江戸、現代、そしてパラスポーツの未来が交わる風景だ。

その江東区東部を流れ、日本一川幅が広いという荒川から、内陸に入り込む旧中川。水運に恵まれたこの地は、カヌーの練習場としてウオータースポーツ愛好者に親しまれる。

この川で20年東京パラカヌー競技の星、瀬立モニカは育った。

スポーツが得意な〝部活少女〟だった。江東区・深川小時代は水泳で活躍した。深川第一中2年の時に、江東区が全国に先駆けて始めた「区立中学校合同カヌー部」に参加。学校の部活動はバスケットボール部に所属し、中3の時には都大会3位に入るなど運動能力は抜群だった。

この「カヌークラブ」はのちに、官民一体となった現在のサポート態勢の基盤となった。09年に江東区立の中学校へ通う生徒を対象として立ち上げた珍しいクラブであり、12年には江東区カヌー協会が発足、13年東京国体に向けて区をあげて選手育成を手掛けるようになった。

瀬立は高校進学後も「江東ジュニアカヌークラブ」に参加。バスケットボール、カヌーの2競技を併行し、国体予選となる東京都カヌースプリント選手権出場を目指していた。

スポーツ少女の前途は洋々としていた。

しかし、試合を目前に控えた高1の夏、体育の授業中に倒立前転をした際、さかさまになった状態で「そのままつぶれてしまった」と言う。

「あ、やばい。終わった」

脳と胸椎を損傷し、下肢に力が伝わらない「体幹機能障害」となり、車いすユーザーとなった。半年後、再び高校へ通い始めた。以前の自分ならできたことがままならない。不安だらけの日々を送った。

事故から1年後、以前通っていたカヌークラブから何度も誘いがあった。チャンスと考えることはできなかった。今と昔の自分は違う。できないと言いに行こう。失敗する姿を見せて、納得してもらおう。マイナスな思いを抱いて、旧中川の練習場に向かった。

見慣れたはずの光景は、瀬立のために工夫が施されていた。レジャー用で安全性の高いカヌーが用意され、転覆したとしてもつかむことができるよう、川にロープが張ってあった。

1年ぶりにカヌーに乗った。以前とは異なり、下半身をコントロールすることができない。補助の手を借りながら、座席にすっぽりと入った。しかし、体幹が使えないことから姿勢をキープすることが難しかった。

やはりできない。

パドルを動かしてみた。両手で左右に回転させながら水面をかいた。水しぶきが上がった。進んだ距離は10ｍほどだった。たった10ｍ。されど10ｍだった。

いや、これならできる。断るつもりで訪れた場所で、瀬立はカヌー、そしてパラリンピック出場を目指すことを決めた。

いざ本格的に練習を始めると、バランスが取れずに転覆することもあった。座った姿勢を安定させるために、パラスポーツの義肢装具の専門メーカー「川村義肢」でお尻の型を取った特製シートを作成した。悪戦苦闘を繰り返す中、競技を始めて間もない14年、日本パラカヌー選手権のクラス別優勝を果たした。不安そうな顔で車いすに乗っていた少女には徐々に笑顔が戻り、生きることへ前向きな思いを取り戻した。

15年3月、海外派遣選手選考会（香川県坂出市）で優勝を飾り、同8月には世界選手権（イタリア）に出場した。女子カヤックシングル２００ｍ（運動機能障害ＫＬ１）で9位となり、パラリンピック出場へ可能性が膨らんだ。

「水上に出ちゃえば、あ、この人車いすなんだとか絶対分からない。みんなと同じことができるので、それが一番好きです。カヌーのおかげで多分、人生１８０度変わったなって感じです。リオに出て経験を積んでからの東京の方が、絶対いい結果を残せると思うので、16年も出られるなら、出たい」

東京オリンピック・パラリンピックの選手強化、発掘において自治体が税金を使用することは極めて異例だ。江東区には練習施設が3カ所もあり、瀬立が所属した中学生対象のカヌークラブもそこで練習していた。パラリンピック選手養成のため、区の15年度振興事業で「東京パラリンピックに江東区出身のカヌー選手を輩出」という名目で598万円の予算を組んだ。20年に向けた各自治体の取り組みは数々あるが、本番の開催地であり、かつ練習環境が豊富という「ご当地選手の育成」案は、区民のアイディアから生まれたという。

瀬立が育成第1号であり、江東区育ちで区役所に勤務する諏訪正晃も20年に新種目として導入が決まったヴァー部門（浮き具つきのカヌー）で東京での活躍を目指している。まさに2人とも江東区にとっては「おらが町」の選手なのだ。

パラカヌーは1人乗りカヌーによる200mのスプリント競争で、純粋に速さを競う。障がいクラスを示す「KL」はカヤックレベルの略で、KL1〜3に分かれる。数字が小さい方が障がいが重く、瀬立はKL1。体幹を使えない選手が多い一方、上半身の筋力が重要となるため筋力アップが欠かせない競技でもある。

あの時に10m進むことができた少女が、200mの距離を漕ぎ、短期間のうちに世界の舞台へ挑戦できるまでに成長した。16年5月世界選手権（ドイツ）では惜しくも11位。しかし、上位の中国選手が失格となり、繰り上がりで同年リオパラリンピック出場を決めた。

初の大舞台は悔しさに涙した。リオでは準決勝を突破して目標だった決勝に進出した。目標は「暴れる」こと。競技ただ1人の日本代表として大声援を一身に浴びたが、スタート直後にカヌーが不安定になったことに慌てた。レースの中盤で大きく引き離され、後半は持ち直してゴールも、決勝タイムは7位の選手から5秒以上離された1分9秒193。最下位の8位だった。

決勝進出は嬉しかったが、力量の差は明らかだった。「ビリになって悔しかった」。複雑な表情で涙をぬぐった。

リオから1年後。瀬立は筑波大の2年生として寮に住んで大学へ通いながら、週末は都内でカヌーの練習に励んでいる。超多忙な日々。練習ではたくさんの課題に取り組む。水中にパドルを入れた側に体重をもっと乗せることができれば、推進力は増す。シートの改良、トレーニングにも余念がない。

リオ直後の大会となったアジア選手権では自己ベストの1分3秒312で初代女王の座に就いた。17年W杯では5月の第2戦ハンガリー大会で2位に入り、国際大会で初メダルを獲得した。第3戦セルビア大会ではついに優勝を飾った。

表彰台では、見る者にエネルギーをくれるような笑顔が輝いている。

「自分がカヌーをやって、何かをすることで、元気もらったとかっていうふうに今でも言ってくれる人たちがいるので、そういった元気を与えられるような存在になりたいなあって思います。銅メダルを目指して金メダルは獲れない。金メダルを目指します」
20年東京は22歳で迎える。旧中川で育った少女は、世界という大海原でトップを獲る。

【プロフィール】せりゅう・もにか。1997年11月17日、東京都江東区出身。宝仙学園高校（理数インター）―筑波大体育専門学群。16年5月世界選手権（ドイツ）女子カヤックシングル（運動機能障害KL1）で11位も、上位の中国選手が失格となり、繰り上がりで同年リオパラリンピック出場を決めた。リオでは決勝8位。1m66cm、55kg。所属は江東区カヌー協会。障がいは外傷性脳損傷で両下肢まひ、体幹機能障がい。

若きスピードスター

鳥海連志

車いすバスケットボール

やればできると思ってるんです。何でもまずやってみて、できなければそれでいいしできるならやればいい大事なのは自分で限界を決めないこと

島から世界へ旅立つ時が来た。２０１７年春。16年リオに車いすバスケットボールで日本代表最年少出場を果たした鳥海連志は、日本体育大進学のために故郷を後にした。

長崎県西海市、九州本島と橋でつながる寺島。四方を海に囲まれた風光明媚な地だ。この地で車いすバスケを知り、ボールを追いかけて育った。

「これから独り暮らしになるので、今まで以上に負担がかかることもあるかもしれませんが、自分なりに努力して1つでも上のレベルにいきたいと思っています」

故郷を離れる寂しさよりも、自分の夢をかなえる喜びに満ちていた。

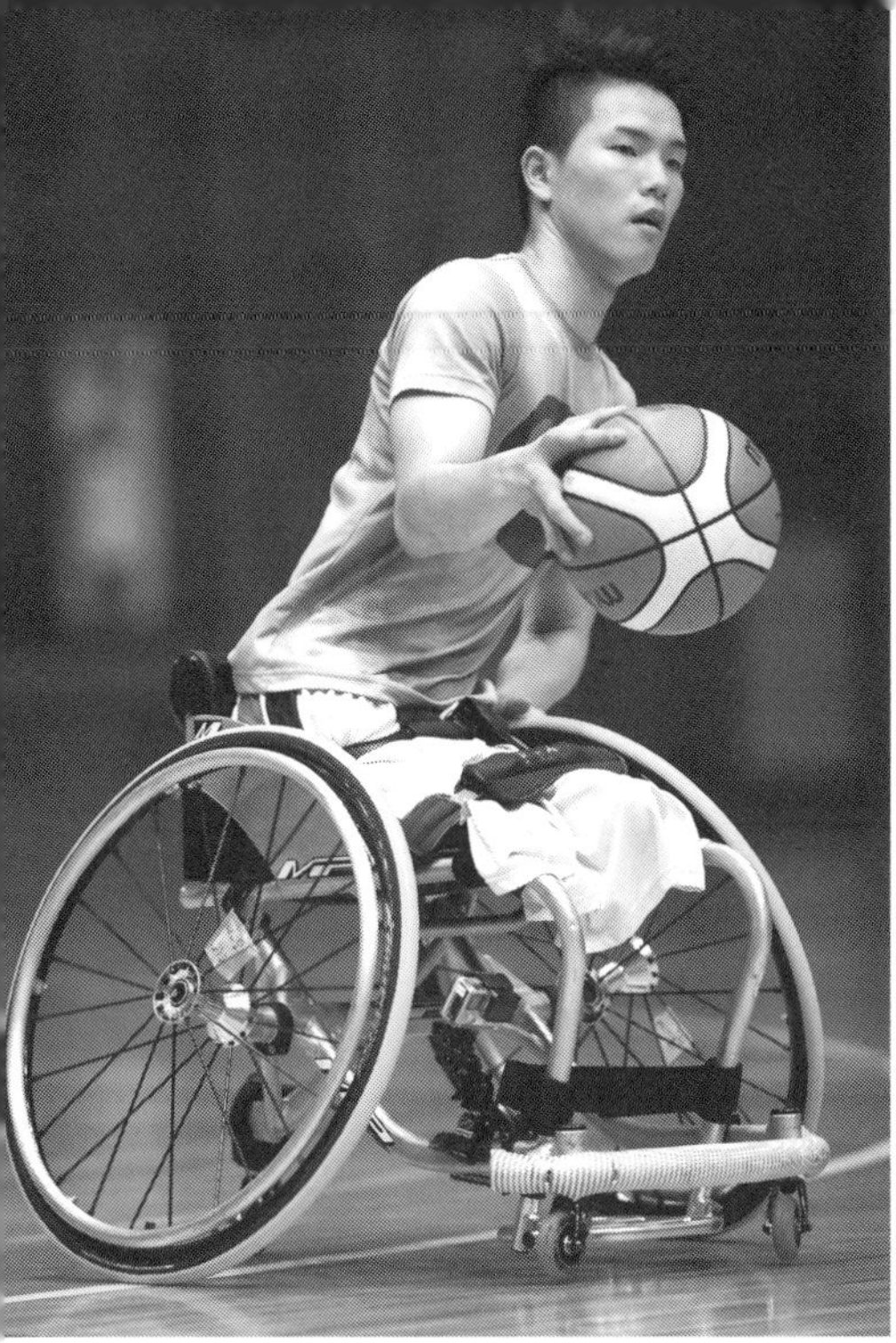
©TOSHIHARU YANO

上京後の17年5月日本選手権は、地元・佐世保WBCの一員として、最後のプレーに臨んだ。初日で敗れ去ったが、故郷の先輩、仲間たちとの試合はこれが最後だった。

「すごく惜しい試合だった。もっと一緒に練習して、一緒に試合に出たかった気持ちはあります。車いすバスケをイチから教えてくれたチームなので……。中1からずっと一緒に練習してきた佐世保WBCや長崎サンライズのメンバーと離れるのは寂しい。いろいろとお世話になり、感謝しかない。関東で〝頑張っている〟ということを結果で示したいです」

若武者のインタビューを見守った佐世保WBCのベテラン、高野、上野選手は「一緒にやれたら良かったけれど、日本代表として上に行ってもらうためにも頑張ってほしい」とはなむけの言葉を贈った。

希望に胸を膨らませたキャンパスライフ。神奈川県横浜市内で独り暮らしを始めた鳥海は、今風の若者らしく分け目を9：1にしたヘアスタイルで通学し、新しい友人と机を並べる。運転免許を取得し、1人で車で動けるようになったことで活動範囲が広がった。

スポーツを専門的に学ぶために日体大へ進学した。スポーツ心理学、栄養学、コーチング。すべてがバスケに生かせる環境だ。

「不安はあるけれど、今までと違った角度からスポーツを学びたい」

授業の後は、拠点が近隣にある車いすバスケの強豪チーム「パラ神奈川SC」で練習する。充実した新しい日々。10代でパラリンピックを経験した若武者は、20年東京への挑戦を始めた。


才能を見出されたのは、高校1年の夏だった。

14年7月、九州代表として出場した全国ジュニア選抜大会で優勝の立役者となりMVPを獲得した。同月に行われた「のじぎく杯」では長崎県選抜を準優勝へ導いた。

決勝の相手は、強豪のNO EXCUSE。44―58で敗れたが、日本代表の指揮官でもある当時NO EXCUSEの及川晋平ヘッドコーチの目に留まった。障がい区分の持ち点2・5は重い方に属するが、体幹が使えるという特長を生かしたプレーが際立っていた。

翌8月には日本代表合宿に初めて招集され、当時日本最大の常設国際大会だった11月北九州チャンピオンズカップで最終メンバー入りを果たした。

物理的なプレーだけでなく、〝見て学ぶ〟力に長けることも武器だ。代表合宿に呼ばれるたびに先輩たちのプレーに着目。帰郷後はそのプレーを反すうしながら廃校になった中学校の体育館で単独練習し、自分のものにしていった。

16年リオではチーム最年少の17歳で代表入り。挙げた得点27点以上に、ガードとしての活躍に注目が集まった。競技用車いすの扱いに長け、スピードは世界の舞台でも引けを取らなかった。ボールを持った選手へ素早くチェックに動いたり、プレッシャーを掛けたり。初出場の10代とは思えないプレーがそこにあった。

車いすバスケは障がいの内容に応じた持ち点が選手に付与されており、コートに出る5選手はその合計が14・5点以下になるよう組み合わせをつくる。鳥海は当時、日本のダブルエースである藤本怜央、香西宏昭を除いた選手で構成する「ユニット5」の一員。エース2人がベンチへ下がった時も、相手を押さえ込む鍵を握るユニットと目されていた。チームとしては6位以内を目標としたが、結果は9位だった。

生まれた時から、バスケは自然とそばにあった。両親共にかつてはバスケ部所属。兄は大学入学後もプレーしている。

障がいは先天性の上下肢障がい。すねの骨がなく、両足が内側を向いた状態だった。切断した方が活動範囲が広がるというアドバイスを得て、3歳の時に両膝から下を切断した。両手は指の欠損があり、母・由理江さんは育て方に悩んだが、鳥海自身に「限界を自分でつくらないこと」と教え続けた。鳥海は幼少時から元気いっぱいの子どもで運動能力が高く、逆立ちで階段を上り、義足をつけて動き回った。

車いすバスケは中1の時、通っていた中学校の女子バスケ部を指導していたコーチから話を聞いたことがきっかけだった。バスケ部の兄の姿を見ていたが、自分がプレーすることに想像が及ばず、最初は及び腰だった。しかし、地元のチーム「佐世保WBC」の練習を見学してとりこになった。

車輪がハの字に装着されたスタイリッシュな競技用車いすに驚き、乗ってみると真っ直ぐに進むことも難しかった。周囲の選手たちは車いすを自在に操り、バスケまでしている。自分もあんなふうになりたい、とボールを追う日々が始まった。

「小さい頃から障がいを持って生まれて、障がいと共に生きている。自分で言うのもあれなんですけど、やればできると思ってるんです。何でも。まずやってみて、できなければそれでいいし、できるならやればいいと母から昔から言われてるんで。大事なのは自分で限界を決めないこと」

リオの経験を踏まえた17年、鳥海は輝きを増している。

6月はカナダ・トロントで行われたU23世界選手権で日本代表のエースとして出場。準決勝進出を果たし、4位に躍進する原動力となった。パラ神奈川SCでもチームメートのU23主将・古澤拓也との連係で好プレーを連発し、古澤と共に大会のオールスター5に選出された。

クラブチームとしては7月東日本選手権で優勝。8月の全国ジュニア選抜では関東チームとして優勝を飾り、やはりベスト5に選ばれた。どこへ行っても先輩ばかりの環境だったが、ジュニア世代では後輩たちが憧れを持って鳥海のプレーに注目している。

「古澤選手と2本の柱として、チームを引っ張っていけるように合宿やトレーニングもしているので、1つの形として結果を残したい。選手のお手本になることが目標です」と自覚十分だ。

目標とする選手は日本代表のガード・豊島英、そしてダブルエースの一翼を担う香西宏昭。

「自分の上にはまだまだ素晴らしい選手がたくさんいて、これから自分がそこを目指して抜いていけるようになりたい。2020年が近いわけで、金メダルも獲ると口にしているので、シュートもできてディフェンスもできて、パスもできて何でもできる選手になりたい」

夢は尽きない。2度目のパラリンピック出場となる東京、そして海外でのプレーも視野に入れる。

「金メダルを獲るビジョンが、自分の中では描けている。ここからはい上がっていきます」

18歳は力強く言い切った。

【プロフィール】ちょうかい・れんし。１９９９年2月2日、長崎県出身、神奈川県横浜市在住。西海市立大崎中―大崎高―日本体育大学。所属はパラ神奈川ＳＣ。持ち点は２・5、ポジションはガード。16年リオでパラリンピック初出場を果たして9位。17年Ｕ23世界選手権4位に貢献し、オールスター5に選出された。１ｍ34、50kg。障がいは先天性の上下肢障がい、両手指欠損。

世界の実力者

日本ただ1人のプロバスケットボーラー

香西宏昭

車いすバスケットボール

何が起きても動じないような心を作って臨みたい
後悔しないように1秒1秒、意味を持って過ごす

その手から放たれたボールは、常時同じルートの放物線をたどる。ボールを掲げる両腕の間からは顔全体がはっきりとのぞく肘の位置はどんな体勢でも変わらず、フォロースルー時は手首の返しも規則的なままでに同じ角度を描く。

ボールは決められた山をなぞるように、ネットへ吸い込まれる。スチールカメラでプレーを連写すると、どの得点シーンも同じフォーム。カメラマンは「彼のシュートする写真はどのコマも、いつも同じように見える」と称賛した。

日本のダブルエースの一翼を担う香西宏昭は、美しいシュートが代名詞だ。

先天性の両下肢欠損。12歳で車いすバスケットボールを始めた当初から、シュートがうまい

人を探してはマネをしていたという。選手としての基盤は米国イリノイ大学留学時代に築いたとはいえ「フォームが決まる前にマネしていたことが良かったのかも」と振り返る。

一朝一夕に身についたわけではない。車いすバスケが盛んなイリノイ大学卒業後も、観察眼を常に働かせてきた。

「例えば、上半身を使っていると腕、肩に負担がかかって、だんだん脇を締めることが難しくなってくる。そういう時には、脇を締めることにフォーカスして他の選手を観察するんです」

2016年リオを経て、その美しいフォームを支える肉体改造に乗り出している。日本代表のスタッフに有馬正人フィジカルコーチが加入した。指導の下、プロアスリート向けの専門クリニックでトレーニングを実施している。

以前は腕力、つまり上半身でプレーしてい

たことから、肉体改造に踏み切った。主に体幹の使い方を習得するもので、腹筋、背筋、そして膝上まである脚の筋肉も含めて鍛えている。

何よりも「体の正しい使い方」を習得できることが大きいという。

例えば、肩が上がりづらい時は、腕を上げようとするのではなく、腹筋に力を入れて胸を張れば肩を上げることができる。

他にも、シュート時などに多い動きである「手首の返し」にも効能がある。手首の返しのブレを防ぐには、ボールによく触れる親指ではなく、小指の動きに注目すればブレを防げることが分かった。

「マジックを見ている感覚でしたね」

車いすバスケ選手としては、世界中の強豪が集うドイツ・ブンデスリーガで活躍中。一流のプロアスリートに上り詰める中で、香西はまだ自分を革新させようとしている。

このままではいけない。強く感じた理由は16年リオだった。

パラリンピックは過去に2度出場し、08年北京で初出場して7位、12年ロンドンは9位。リオでは代表チームは6位以内を目標に掲げた。

車いすバスケはパラリンピック競技の中で人気が非常に高い。障がいに応じた持ち点制度や、車いすバスケ特有のスキルもあり、パラスポーツ初心者でも「バスケットボール」として観戦して楽しめる。

海外でも人気がある競技で、香西が参戦するドイツ・ブンデスリーガは毎試合ショーアップされている。契約もプロ化が進み、実力次第では選手としての収入で暮らせる金額が支給される。欧州ではドイツ以外にもスペインなどリーグ戦を常設する国が多い。

17年5月の日本選手権決勝は過去最多となる５０００人以上の観客が訪れ、8月末から開催した国際大会「チャレンジカップ」では観客席の一部を有料化するなど、「見るスポーツ」化への取り組みを行った。

人気があるだけに、注目度も高い。日本代表がリオで「目標はメダル獲得」とせず、あえて具体的な「6位以内」は、堅実かつリアルな目標だった。

しかし、予選リーグはカナダに76―45で勝利を収めたものの、近年急速に実力をつけてきたトルコに49―65で敗れ、強豪・豪州には55―68で惜敗した。

結局、1勝4敗で9、10位決定戦へ回った。同じアジアのイランには勝利を収めたが、香西は猛烈な後悔に襲われていた。

藤本怜央と共に日本のダブルエースを張る。

得点は藤本の96に次ぐ84点。アシストはチームで他選手の追随を許さない57。1戦1戦の内訳を見れば、世界の強豪と互角に渡り合ったクオーターがなかったわけではない。

しかし、試合を動かす責任感から「もっとできたんじゃないか、もっといい準備ができたんじゃないか」と考えずにはいられなかった。

世界を相手に闘うには、自分自身が変わらなければいけないと痛感した。

17年。「いろんなことを壊す年」と位置づけた。

破壊なくして創造なし。

肉体改造もその一環で「〝オリャー〟というトレーニングではなく、正しい体の使い方を学んでいる」という。心技体を整えるために月に2回、シンクロナイズドスイミングの88年ソウル五輪銅メダリストで、メンタルトレーニング上級指導士の資格を持つ田中ウルヴェ京さんに師事した。

リオは予選リーグ初戦から3連敗。2試合を残した時点で決勝トーナメント進出が消滅した。「負け続けていた時はすごく苦しくて。リオ後に（田中さんに）相談して、東京に向けて変わりたい」と個人レッスンを依頼した。

メンタルトレーニングでは、自分の感情に気づかされることが多いという。

我慢強い人ほど、押し殺したマイナスの感情を認識しづらい。

理論的な問答にも似た会話のキャッチボールを月2回。その効果は、日々過ごす中で多くの気づきを得た。

「自分の弱さを知ることは苦しいけれど、それを認めることが進歩になる。俺ってこうやって考えていたんだ、と。例えばイライラする自分に気づくとか、自分の中の感情に気づいた。その自分を認めると、次の行動に移すこともできる。それはバスケでも、私生活でも」

同年7月にはドイツでプレーするチームを移籍した。長年親しんだハンブルクを離れ、強豪のＲＳＶ Ｌａｈｎ－Ｄｉｌｌへ。20年までの3年計画は着々と進んでいる。

メンタルトレーニングの問答は続く。

レッスン中のホワイトボードには大きな字で「動じない心　２０２０年」。交感神経、副交感神経を行き来する中で動く感情がチャートで記されている。

「何が起きても、動じないような心を作って臨みたいんです」

「動じない。どんな時に動じるの？」

「予期していないことが起こった時ですね」

「予期していないことが起こる、と予期しておけばいいんだよね。イラつきも緊張も、準備していればいい。どんな時に自分がどう動じるかを細かく前もって知っておけば、対処できる。プラスの感情でも、逆に感動することの弊害も感じる？」

「あるかもしれないですね」

目指す境地は泰然自若。リオの後にかみしめた後悔を、4度目のパラリンピック出場でも味わうことだけはしたくない。

「東京でいい結果を残したいですし、メダルも獲りたいですし、後悔しないように1秒1秒、意味を持って過ごすっていうことですかね」

黒目がちな瞳は澄んだ水面のように、穏やかな輝きをたたえている。

【プロフィール】こうざい・ひろあき。1988年7月14日、千葉県千葉市出身、在住。NO EXCUSE所属。ドイツではRSV Lahn―Dillに移籍した。イリノイ州立大。1m20、73kg。持ち点3・5、ポジションはスモールフォワード、ガード。パラリンピックは08年北京、12年ロンドン、16年リオの3大会連続出場。

両脚義足の最強選手

藤田征樹

自転車

勝ち以外は負け
もっと強く、もっと速く
人間としても選手としても
まだまだ成長できる

受け答えは冷静。口から出る言葉も論理的。大学院工学研究科を修了した、いわゆる〝理系〟だ。しかし、勝利に対するこだわりは人並み外れて熱い。

「勝ち以外は負け」

掲げているポリシーだ。胸に秘めたアスリート魂を原動力に、パラサイクリングの藤田征樹は２００８年北京で義足アスリートとして日本初のメダルを獲得。以降、パラリンピックでは3大会連続でメダリストとなった。09年にはトラック世界選手権で1度、頂点に立った。

ところが、10年に障がいの程度によるクラス分けが変更された。以降、表彰台には上がるが、世界トップを競う国際大会での勝利からは遠ざかっていた。

所属する障がいクラスは切断や機能障害、まひなどを対象としたCクラス。そこから、障がいが重い順に1～5に割り振られる数字では3に該当する。

以前は機能障害を対象にしたLCクラスに所属していたが、10年に同クラスと脳性まひを対象にしたCPクラスが統合。当時、該当していたLC3の一部選手は藤田を含めてCP3と組み合わされ、C3クラスとなった。

影響は大きかった。CP3は障がいが軽度な選手が多く、LC3より速いタイムがスタンダードだった。例えば09年なら、CP3の世界トップと藤田を比較すると、コンマ1秒を争う1000mタイムトライアルで約4秒もの差があった。

ボクシングのライトフライ級の選手がヘビー級の選手と戦うようなもの。苦戦を余儀なくされた。

それでも、負けず嫌いな元世界王者は「勝ち」を追い求めた。

建設機械メーカーのエンジニアとしてフルタイムで働きながら、「勝てる自分」を作るために考え、科学的なアプローチを取り入れた。

特性をより生かすため、長くパワーを維持できるよう持久力と筋力の強化に励んだ。着目した部分は、筋肉が疲労した時に出る乳酸。競技中の乳酸の増減や数値を分析し、「健常の強豪選手並みに乳酸値が上がりにくい」という成果が出た。

15年8月、スイスで行われたロード世界選手権。前年のトラック世界選手権3㎞個人追抜を世界記録（当時）で制したアレクセイ・オビデノフ（ロシア）、同じくロード世界選手権2種目制覇のオーウェン・クリフォード（アイルランド）ら猛者が集った同レースで、努力が結実した。

見晴らしのいい1周7㎞のコースを8周するレース。有力選手がアタックを仕掛けては動きを読まれ、失敗する展開が続いた。残り14㎞。レースがこう着したスキを突き、勝負に出た。ペダルの回転数が上がった。空気抵抗を減らすため、さらに姿勢を低くとり、ペダルを強く踏み込んだ。渾身のロングスパート。後続との差は一気に広がった。

まだ距離は残っていたが、逃げ切れる自信はあった。それだけの訓練は積んできた。勝利への渇望から、気持ちのギアも上がった。マシンはよどみなく加速し、残り5㎞を切った時点で後続と約1分の差がついた。

「お前の勝ちだ」

沿道からそんな声が飛んだ。並走する審判車両から後続とのタイム差を知らされ、勝利を確信した。ゴール時も1分以上のリードをキープする会心のレースだった。

レース後、白地に5色の虹色が彩られたジャージ「アルカンシェル」に袖を通した。健常・パラを問わず、自転車競技の世界王者が着ることができるチャンピオンの証だ。王座奪還。09年トラック世界選手権で優勝して以来の着心地に、表彰台で笑みがこぼれた。

レースで見てほしいポイントは、「黒光りする義足」だという。世界を見渡しても数少ない、両脚義足のサイクリストだ。

小学生の頃は、地元の北海道で盛んなスピードスケート、中高時代は陸上の中距離選手として活躍したスポーツ少年だった。大学進学後もサークルでトライアスロンを開始し、夢中になった。

2年時の夏、実家に帰省中、事故で両脚の膝下に大けがを負った。運動機能を取り戻すことができない状態となり、切断を選択した。

絶望の中でも光はあった。医師から義足を着ければ歩ける可能性があると伝えられ、前向きになれた。過去にテレビで見た義足のトライアスロン選手を思い出し、チャレンジ精神もかき立てられた。

迷いはなかった。

術後半年で、訓練用の義足を装着して自転車に乗った。事故から2年後には、健常者に交じってトライアスロンの大会に出場した。

競技を続ける中、07年に力試しのために出場した自転車競技大会が転機となった。才能を見抜いた関係者から熱心な誘いを受け、自転車競技を開始した。

パラサイクリングは、自転車競技場で実施されるトラック種目（個人追抜、タイムトライアルなど）と、野外の一般道などを使用するロード種目（ロードレース、タイムトライアルなど）が行われる。各種目のルールは基本的に健常と同じだが、使われる自転車は障がいに応じてそれぞれ。

まひなどの重度四肢障がいを対象としたTクラスは三輪自転車、視覚障がい者が出場するBクラスは2人乗り用のタンデム、下半身不随などのHクラスはハンドバイクを使用する。藤田が所属するCクラスの選手は、健常の競技用自転車と同じか、小変更を加えたものに乗る。

トライアスロンから転向後2年でアルカンシェルを手にする快挙を成し遂げたが、義足製作は試行錯誤の連続。日本では、両脚切断の自転車選手の義足づくりはほぼ前例がなかった。

パートナーとなってくれたのは、義肢装具士・齋藤拓氏。陸上の中西麻耶、トライアスロンの中山賢史朗らの義足も担当する業界のオーソリティーだ。年齢は齋藤氏が2歳年上。同年代ということもあり、意気投合した。

日本ではほぼ初めての試み。ゼロから答えを探す日々が続いた。スポーツ用の義足を作るため義肢装具士を志したという齋藤氏と共にイチから形を作りあげなければならなかった。

初めは日常用の義足で試したが、歩きやすくするためのバネが逆に邪魔になり、ペダルにうまく力が伝わらなかった。

手掛かりとなったパーツは「ドリンガー足部」と呼ばれる義足の部品。農作業の時などに使われる足の部分で、ぬかるみを歩きやすくするため、バネがない構造となっていた。

ドリンガー足部をヒントに、木材を削り出して足の部分を作った。

「自転車を漕ぐ機能があれば、人間と同じ形をしていなくてもいいのではないか」

発想も転換し、馬のひづめのような形にしてペダルに固定できるようにした。2人はこれを「ドリンガーZ」と名付けた。ドリンガーZによって藤田と自転車は一つになり、大会での結果もついてきた。


改良が行き詰まることもあったが、齋藤氏の熱意と仕事は本物だった。次々と難題をクリアし、16年リオ大会前には、ドリンガーZから数えて5世代目の義足を完成させた。

ベースとなったのは4世代目。足の装着部からつま先まで継ぎ目のない形状にすることで、よりダイレクトにペダルへ力を伝えられるようにしたものだ。第5世代では、左右のバランス、ペダルを踏み込む位置がさらに改良された。

デザインのイメージは、映画「スター・ウォーズ」に登場するダース・ベイダーの甲冑。黒

い編み目のあるカーボン素材の地を表面に出した。可能な限り空気抵抗を減らすために、形は流線形にした。外見にもこだわった理由は、藤田が〝気持ちで走る〟ことを感じ取っていたからだ。

目指すゴールは「自転車に力を伝えやすい義足」。試しては意見を交換し、調整を繰り返す。共同作業の末にでき上がったものは、いつも想像を上回っていた。

黒光りする義足。

競技生活を支えてくれた相棒が10年の年月をかけて完成させた傑作は、まぎれもないアピールポイントとなった。

08年北京で初めてパラリンピックに出場を果たし、トラック1㎞タイムトライアルとトラック個人追抜で銀メダル、個人ロードタイムトライアルで銅メダルに輝いた。続く12年ロンドンでも同種目で銅メダル、16年リオでは同種目で銀メダルを手にした。

3大会連続、合計5個のメダル。堂々たる成績だが、それでも「勝ち以外は負け」。銀メダルと銅メダルは、あくまで2位と3位であり、敗者なのだ。

感情を表に出すタイプではない。しかし、短期間で複数種目が開催されるパラリンピック中はメダルに歓喜する日もあれば、悔しさで涙する日もあった。それに打ち克って、メダルという最低限の成績は残し続けてきた。支えてくれる人たちに届けることができる、目に見える結果だ。

リオ後には「感情の起伏を乗り越え、またいい結果を出せたことは今後もつながる」と自負し、「人間としても選手としても、まだまだ強くなれるという手応えを感じました」と胸を張った。

常に貫いている姿勢がある。自身が〝パラスポーツ選手〟ではなく、〝1人の競技者〟であるということ。近年は年間のべ20～40レースに参戦しているが、約3分の2が健常者のレースだ。

「普通の自転車競技と変わらないですし、一競技者として、もっと強く、もっと速く。そういうところを目指しています」

健常のトップ選手とタイム差はあるが、目指すは勝利のみ。

「どう戦えば勝てるようになるのか、常々考えています。結果を出すのはすごく難しいですが、だからこそさらに成長できると思っています」

しっかりと青写真も描く。

「より強い力でペダルを踏みこむ。そのための筋力と、それをある程度の時間、続けていく持久力。そういったものをもっと高いレベルで実現できるようになると、レースでの引き出しが増える。まだまだ伸びしろはあります」

「勝てる自分」は日々、ブラッシュアップさせている。

その先にはきっと、3度目のアルカンシェルとパラリンピックでは初の金メダル、そして健常者大会での勝利が待っている。


【プロフィール】ふじた・まさき。1985年1月17日、北海道稚内市生まれ。茨城県土浦市在住。1m74、64kg。東海大大学院工学研究科―日立建機株式会社勤務。19歳の時に事故で両下脚を切断し、義足となる。08年北京はトラックで銀メダル2個、ロードで銅メダルを獲得。12年ロンドンではロードで銅メダル、16年リオでもロードで銀メダルに輝いた。クラスはC3。

夫婦二人三脚でリオ出場

高田千明

陸上

家によきライバルがいる家族の存在が大きいです

妻は見えない。夫は聞こえない。しかし、２人の会話は軽妙で常に明るい。

高田千明は言う。

「いつも世界ランキングでどっちが上か、話をするんです。夫は今世界ランキング何位だろう、ってチェックしたりします。この前は自分が8位で、夫が7位。〝勝った！〟と言われました（笑）」

千明はパラ陸上女子視覚障がいの部で走り幅跳びの日本第一人者。全盲クラスの選手だ。

夫・裕士は聴覚障がいの陸上ハードルの選手。幼少時の訓練で声を出して話すことができる。会話は裕士が声で話しかけ、相手の唇の動きで内容を読み取る。千明は口頭で答えながら手話を交える。

２人はパラスポーツのアスリート夫妻。
夫の裕士が言う。
「２人で一つ。パートナーであり、ライバル。飾らないありのままの自分でいられる、心を許せる存在」
２００６年秋、２人は全国障害者スポーツ大会で知り合った。千明が「聴覚障がいの選手ですごくしゃべる人がいる」ことに気づき、コミュニケーションを取ろうと「手話を教えてください」と話しかけたことがきっかけ。07年夏に競技場で再会して一緒に練習するようになり、自然と交際に発展した。当時、千明は08年北京出場を目指していた。

5歳の頃、友達とカルタで遊んでいる様子を見た父が、目線の動きに違和感を持ったことから先天性の視覚障がいが判明した。

幼少時から俊足で、運動能力に長けていた。視覚に制限はあっても、ゴールの位置が分かっていれば関係ない。運動会では負けなしの俊足少女は18歳の時に視力を失って以降もスポーツを続け、パラリンピック出場を目指していた。

目標達成への道は険しかった。当時は社会人として1年目。マッサージ師の仕事を得たが、慣れない環境で仕事と練習を両立させる苦しさに直面した。参加標準記録を突破したが、代表選出には至らなかった。

そんな時、妊娠に気づいた。

2人はそれぞれの両親へ結婚の報告へ出向いた。しかし、互いの両親に反対された。

「今、子どもを産んでロンドンまでできるのか。子どもは諦めたらどうだ」

「ロンドンに出場する目標があったのだから、決めたところまではやったらどうだ」

そんな心配をはねのけ、08年10月に結婚。同年12月27日に長男・諭樹《さとき》くんを授かった。競技を続けた理由には、意地もあった。

夫の高田裕士選手と千明選手

「子どもを産んだから陸上を辞めた、と言われることはすごく嫌で。私も、子どものせいで夢を諦めたとは思いたくなかった。だから、意地で続けてきた部分もありました」

現実とも直面した。出産後、体の変化にがく然としたという。短距離選手ならではの細身の体格だったが「こんなに重力があるのかと思いました。みんなに〝肩がガッチリしたね〟と言われ、ガンダムみたいでした（笑）」。

出産前はトレーニングをしてもなかなか筋肉がつかないタイプだったが、ガッチリした体型に変化した。子育て期間は時間の使い方一つをとっても、自分の思うようにならないことが増えた。

出産後に再度トライした12年ロンドン出場も参加標準記録を上回りながらも、代表から落選。その後、記録自体も伸び悩んだ。

「陸上を始めた頃は記録が伸びるのは当たり前だったんです。でも、記録が伸びない、体も動けない、記録が出ない……」

現役引退が頭をよぎった。

当時28歳。迷っている時期、夫・裕士から激励された。

「辞めるのは簡単。辞めたいなら辞めればいい。でも、年齢は戻ってこないよ。千明が辞めても、同じ年代の子たちは続けていくし、歳をとった時に〝ああ、やっておけば良かった〟と思っても、もう差は埋められない。少しでも〝やっておけば良かった〟と思いそうな余地があるなら、やった方がいい。やらずして後悔よりも、やって後悔。やりきった、これ以上やれないというところまでやった方がいい」

パラアスリートは30歳を超えても第一線で競技をしている選手も多い。ただ、年齢を重ねてから同じレベルを取り戻すことは至難の業だ。

夫も、聴覚障がい者の五輪に相当する「デフリンピック」で金メダルを目指すアスリート。その激励を受けて再びパラリンピック出場の道を模索した。

目指すは16年リオ。短距離主体ではなく、走り幅跳びを専門とする決意を固めた。まだ幼い諭樹くんの面倒を交代でみるために、夫妻は夜練習の曜日をそれぞれ振り分けるなど、練習スケジュールを共に作り上げた。

視覚障がい選手の走り幅跳び。工夫に工夫を重ねた。

これまで主軸を置いた１００ｍでは選手とガイドをつなぐひも「キズナ」があり、その誘導に従って真っ直ぐ走る感覚を身につけてきた。しかし、走り幅跳びの助走は1人で走らなければならない。

そこで、真っ直ぐ走ることができた上で、スピードに乗れるという最適な助走距離を模索した。５ｍ＝５歩として5歩区切りをベースとした試行錯誤の結果、「15歩」という数字にたどり着いた。

今度はフォームの習得だ。真っ直ぐに走ることはできても、体の使い方を視覚化して練習できないため、走り幅跳びならではのフォームは「コマ送りのように」体をコーチに一つ一つ動かしてもらいながらマスターした。

〝コマ送り〟は「跳ぶ瞬間」「踏み切る形」「跳んだ後に上へ伸びる」などさまざまな姿勢について、コーチに体を後ろから抱えてもらい、手足を動かしてもらって一つ一つ覚える。さらに、どのフォームが最も跳躍距離が出るかも選別する。

視覚で砂場の位置を確認できないため、すぐに着地体勢を取ろうとする傾向があるという。その癖も矯正しつつ、国内大会に出場するとすぐに頭角を現し、16年には日本記録を樹立した。

長年、千明を支える指導者は、92年バルセロナ五輪男子４００ｍに出場した大森盛一《しげかず》コーチだ。視覚障がい者が走り幅跳びをする際に音で選手に情報を伝える補助役「コーラー」を務めるほか、すでに10年以上指導を続けている。二人三脚で築いた新しい挑戦のかいあって、ついに初のパラリンピック出場をつかんだ。

「4年間、子育てもしながら必死で練習して、ようやくつかみ取ったのがリオの切符。それならもう、死に物狂いでやれるところまでやってみようって覚悟を決めました」

リオ本番は初めての緊張感、そして大舞台ならではの出来事に戸惑った。

メダル圏内の記録を狙うために体重を数kg落とし、練習でも４m50を跳べるようになっていた。本番の集中力と爆発力を考慮すれば４m60～70の記録を予想。「15歩行ったら、とりあえず跳べ！」を合言葉にレースへ臨んだ。

１本目で４m45。上々のスタートだった。しかし、リオのスタジアムは地元観客の大声援が渦巻いていた。コーラーの声が聞こえない。

「パニックになってしまったんです。立て直そうとしたけれど、気持ちは戻ってこなかった。もっと行けたのに、という悔しい思い。大きな舞台だからこその経験でした」

記録は１本目の４m45が最高。日本記録を更新する８位入賞だったが、メダル争いからは遠く離れた。


悔いが残った。ならば、今度こそ。

17年初頭から、走り幅跳びの第一人者だった井村久美子さん（旧姓・池田）に師事した。踏切体勢をみっちり練習し、５歩ごとの動作を再確認。腕の角度、腕の振り、足の裏の向きなど詳細にわたって、体に覚え込ませた。

同年７月、英国ロンドンで行われた世界選手権では４m49を跳び、世界クラスの大会では自己最高の銀メダルを獲得した。

「気持ちよく試合ができました。嬉しいです」

世界との勝負もありつつ、家庭内メダル争いにも勝利した。夫・裕士は同じ7月にデフリンピックに出場。400mハードルに出場したが、メダルには届かなかった。いつも、どちらが先に国際大会での金メダルを持ち帰ることができるかを競争する中、世界選手権銀メダルは大きなアドバンテージだ。

「うちの子はキラキラしたものが大好き。最初は国内の金メダルで喜んでくれたのですが、〝うちには海外の金メダルがないね〟と言うようになって（笑）。夫婦で、どっちが先に獲るかを争っています。子どもにとって、最初に獲ったものが印象に残ると思うので……。金メダルだと、子どもの喜び具合が違うんです。14年アジアパラで銀メダルを獲ったので、家で子どもの首にかけたら、ゲームをやりながら〝金じゃないけど良かったね！〟と言われてしまって。悲しくなります（笑）。応援も〝ママ、金メダル！〟ですし」

パワーの源は長男・諭樹くん。愛称「さっくん」が心の支えになっている。しかし、同時に夫・裕士は選手として、女性として人生を共に歩むパートナーだ。

千明は練習先を探す際に障がいを理由に断られることも多いが、裕士が視覚障がい選手を受け入れる練習先をかたっぱしから探し、最終的に近所のジムを見つけ出してくれた。しかも、1人で練習するジムではなく、トレーナーがついてフォームチェックをしてくれるところを。

「自分では見えないので、例えばスクワットをするにしても、両足がきちんとそろっているかをチェックしてくれる人がいると、効果が高いんです」

時には夫婦ゲンカもする。過去には口論の末、千明が「ちゃぶ台返し」をしたことも。
「言った言わない、聞いた聞いてないの話になり、腹が立って腹が立って。ご飯が載っている小さなテーブルをワーッとひっくり返したことがあります。……でも、あれはやった後、片付けが大変です（笑）」

近年は文字で残すことができるSNSが発達したため「証拠を残せるようになりました」と笑った。

千明のモットーは「人生を笑って過ごしたい」。一方、夫は真逆の姿勢だ。「尊敬すら覚えます。彼は決めたことに妥協がない。やると決めたことについては本当にストイック。練習メニューにしても、決めたことはやり通す。目標から逆算して練習している。これは私にはない部分」

20年東京まで、夫婦の「家庭内メダル争い」は続く。千明の目標は5mジャンプでの金メダル。
「家によきライバルがいる。家族の存在が大きいです」

2人で一つ。一心同体のアスリート夫婦はこれからも走り続ける。

【プロフィール】たかだ・ちあき。１９８４年10月14日、東京都大田区出身。東京都立文京盲学校卒。ほけんの窓口グループ所属。11年ＩＢＳＡワールドゲームズ１００、２００ｍで全盲クラスで日本女子初のメダル獲得。16年リオでパラリンピック初出場を果たし、１００ｍ13秒48で日本記録を樹立。走り幅跳び８位入賞。17年世界選手権（ロンドン）で銀メダル。クラスはＴ11、１ｍ60、51㎏。

逆境から銀メダリスト

佐藤友祈

陸上

限界は決めません
それによって、もっと頑張れると
自分を思い込ませることができる
自分の可能性を信じます

真っ向勝負を挑んだ。

リスクはあった。しかし、車いす陸上の佐藤友祈は己の道を突き進んだ。

2016年9月15日、リオパラリンピックT52クラス1500m決勝。

レース前の成績から、メダルは確実視されていた。最大のライバルは、米国のレイモンド・マーティン。18歳だった12年ロンドンで4個の金メダルを獲得した最強の男だ。佐藤は2日前の400mでマーティンに次ぐ、銀メダルを獲得していた。

金メダルをかけて挑んだ1500m。スタートダッシュで勝るマーティンが一気に前に出た。

大会記録を上回るハイペースで後続をみるみる引き離し、２００ｍを過ぎる頃には約30ｍの差をつけて独走態勢に入った。

１人、佐藤が食らいついていった。

２００ｍ付近のコーナーで外から加速し、猛然と追走。７００ｍを通過し、ラスト２周となったところで王者の背中を捉えた。

〝ここでマーティンの真後ろにつけ、体力を温存〟

陸上や自転車といったスピード系競技のセオリーを知る者は、誰もがそうすると予想したに違いない。先行者の背後につければ風や空気の抵抗が抑えられ、少ないエネルギーで走ることができるからだ。マーティンに追いつくことに体力を使った分、なおさら取るべき選択肢と思われた。

しかし、佐藤は前に出た。

後続を置き去りにした２人が繰り広げるつばぜり合いに、スタンドからは拍手と歓声が上がった。

「俺はやるんだ」

佐藤には、信念がある。勝負のあやで勝つのではなく「全ての選手を〝抑えて〟勝つ」という完全勝利の哲学だ。

実は作戦通りの展開だった。障がいで左手の握力がほとんどないため、どうしてもスタートでは後れを取ってしまう。さらに、マーティンは巧みにペースを上げ下げしてレースをコントロールするすべに長けている。主導権を奪うため、追い抜いて先頭に立つという強気のプランを立てていた。

もくろみ通りに先頭に立ち、インコースをキープ。マーティンが仕掛けてきたら外を回らせ、自身のストロングポイントであるスタミナと「中間走からの伸び」を生かしてしのぎ切る。青写真通りのレースは進んだが、王者の力量はさらにその上をいった。

佐藤に前に出られても、慌てることはなかった。ぴたりと後ろについて力をセーブした。残り２００ｍで、温めた体力を解放。第３コーナー手前で佐藤がコーナリングに気を取られた一瞬を見逃さず、外から並ぶ間もなく抜き去ると、そのまま1秒07の差をつけてゴールした。

「最後の２００ｍでマーティン選手の加速に気づくのが遅れた。経験の差が出た」

レース後、勇敢なチャレンジャーは口惜しんだが、その表情には充実感もにじんだ。

マーティンは、佐藤自身が引きこもり生活からアスリートを目指すきっかけとなったロンドンパラリンピックで英雄になった男だった。

その憧れの存在と互角に渡り合えたこと。そして、自らの哲学に背を向けなかったこと。リオでは日本選手団最高順位タイの銀メダルは誇らしかった。

「ベストは尽くせました。悔いはないです」

競技を始めて、わずか4年の出来事だった。

もともとは文化系の少年だった。陸上やバスケットボール、父親がレスリングの国体選手だった影響で格闘技も経験した。

中学時代は合唱団でソプラノを務め、高校時代は囲碁に没頭し、3年時は部長を務めた。高校卒業後は水産加工会社に就職したが、すぐに退職。上京して独り暮らしを始めた。

病魔に襲われたのは21歳の時。アルバイトからの帰宅中に路上で倒れ、意識を失った。脊髄炎だった。両足と左腕にまひが残り、車いす生活に。左手の握力は2kgほどになった。未来が一瞬にして奪われた気がした。

絶望から、実家に引きこもった。1年半ほど経った頃、ふとつけたテレビが転機となった。ロンドンパラリンピックで車いすに乗った選手たちが疾走する姿にくぎ付けになった。

「この競技を僕もやってみたい！」

すぐにそう思った。そして「次のパラリンピックの舞台に立つ」と決意していた。

「根拠のない自信だけはありました。自分がしたいと思ったことなので、当然本気になりますし、自信はもちろんありました」

最初は日常使いの車いすで走ることから始めた。

14年岡山県に拠点を移し、実業団車いす陸上部「ＷＯＲＬＤ－ＡＣ」（ワールドアスリートクラブ）に加入した。ＷＯＲＬＤ－ＡＣは岡山市内の人材派遣関連会社「グロップサンセリテ」が立ち上げたクラブで、実業団（企業）の車いす陸上部としては日立ソリューションズに続き、全国で2例目。監督はパラリンピック3大会に出場したベテランの松永仁志が選手兼任で務めている。

当初、松永は「パラリンピックを目指している」という言葉を信じていなかった。相手は競技経験が乏しい若者。それも当然だった。

しかし、練習を見てその考えは一変。異色のルーキーは、類まれな持久力と加速力、そして練習に夢中になりすぎて崖から転げ落ちるほどの集中力を持っていた。

監督は経験を惜しげもなく伝授し、また長所を徹底的に鍛え上げた。まだあどけなさを残した柔らかな表情と、のんびりとした口調は変わらないが、青年は屈強なアスリートへと変化を遂げた。

15年世界選手権（カタール）はマーティン不在の４００ｍで金、１５００ｍでは銅メダルを獲得。リオパラリンピック出場を早々と内定させた。

「できなかったら周りの人に笑われるかなとか、そういうことは考えない。〝何くそ！〟って思っているうちに、自信も結果もだんだんついてくるんです」

〝根拠のない自信〟から始まったリオ出場という夢をかなえた後、課題だったスタートの強化に取り組んだ。17年日本選手権で早くも成果が表れた。出場した全てのレースでスタートダッシュが決まり、400、800、1500mでは先頭を譲ることなくゴール。100mも合わせ、4冠を達成した。

レース後、20年東京へ向けての抱負を問われ、こう答えた。

「いろいろな選手が出てくると思う。そういった選手たちを全て抑えて、競り勝つことを目標に走っていきたい」

有言実行。〝絶対王者〟が誕生したのは17年世界選手権。行われた地は、あの日再起のきっかけを与えてくれたロンドンだった。

出場は400mと1500m。共にマーティンも出場していた。

先に行われた種目は1500m。リオ

の再現のようなレースが繰り広げられた。スタートから引き離しにかかるマーティン。追う佐藤。だが、リオの銀メダリストはトレーニングを積み、進化を遂げていた。

リオでマーティンを捉えたのは700m付近だったが、今回は約300m地点。ほどなく先頭に立つと、そのまま力で押し切った。記録は大会新の3分45秒89。まさに全ての選手を抑え込む〝完全勝利〟だった。

続く400mもマーティンを追う展開となったが、200m付近で早くもライバルを捉えた。ホームストレートでギアチェンジし、ラストスパート。逃げ切りを図るパラ王者を残り50mで抜き去り、そのままゴールに飛び込んだ。

堂々の〝戴冠〟だが、世界記録はまだマーティンが持っている分、「まだまだこれからです」と気を引き締める。しかし、自らの哲学を体現し、全ての選手を力でねじ伏せたレース内容は、まぎれもなくチャンピオンによるそれだった。


東京パラでも当然、目指すのは〝全ての選手に勝ち切る〟こと。自信はもはや根拠を得た。夢はどこまでも広がっていく。

「限界は決めません。限界を決めないことによって、もっと頑張れるっていうふうに自分のことを思い込ませることができるので、自分の可能性を信じます。東京では金メダル獲得が目標です」

のんびりとはしているが、口調は確信に満ちている。

「自信はあります」

【プロフィール】さとう・ともき。１９８９年9月8日、静岡県藤枝市出身。岡山県岡山市在住。21歳で脊髄炎を発症し、車いす生活に。12年ロンドンを見て「次のパラリンピックに出場する」と決意し競技を開始、競技環境を求め、14年4月から松永仁志に師事し、16年3月発足のパラ陸上実業団「グロップサンセリテ ＷＯＲＬＤ―ＡＣ」（ワールドアスリートクラブ）へ。競技を初めて2年で大分国際車いすマラソン大会のハーフ部門でクラス優勝。15年10月には世界選手権（カタール）で４００ｍ金、１５００ｍ銅メダルを獲得。16年リオへの出場推薦枠を獲得した。リオでは４００ｍ、１５００ｍに出場し、共に銀メダル。17年世界選手権では、リオで敗れた米国のレイモンド・マーティンにリベンジし、４００ｍ、１５００ｍで優勝した。クラスはＴ52。１ｍ83、77kg。

日本初の夫婦同時出場

廣瀬悠、順子

柔道

**1人では逃げ出してしまいそうな練習も2人だから乗り越えられた
東京では「夫婦で金メダルを目指す」と
胸を張って言えるようにしっかり実力をつけたい**

ある時はライバル、またある時は選手とコーチ。その実は、夫婦でもある。

視覚障がい者柔道の廣瀬悠、順子夫妻は2016年リオに男子90kg級、女子57kg級で出場した。五輪、パラリンピックにおいて日本で過去に同時出場を果たした夫妻は、五輪で60年ローマ、64年東京の体操・小野喬と小野清子、04年アテネで野球・谷佳知と柔道・谷亮子。パラリンピックでは00年シドニーで陸上・廣道純と車いすバスケットボール・廣道奈緒子のみ。同じ競技での夫妻同時出場はパラリンピック初のことだった。

廣瀬夫妻は16年リオで一躍、時の人となった。

愛媛県松山市在住。15年12月に結婚した夫妻は大小さまざまな島が浮かぶ瀬戸内海に囲まれた、悠の地元に根を下ろした。遠征、合宿の際は松山空港から飛行機で往復する。多忙ではあるが、小2から柔道を始めた夫の人脈で稽古先には恵まれている。

2人は24時間一緒だ。日常生活では台所に並んで立ち、料理を作る。

順子が顔の前まで野菜を近づけ、慎重に皮をむく。料理は包丁担当。19歳の時に膠原病で入院中、血栓性血小板減少性紫斑病という血管が詰まりやすくなる病気になり、視界の中央部が見えなくなった。

鍋の前に立つ悠が調味料を入れる。高校時代にコンタクトレンズを作りに病院へ行ったところ、緑内障と判明。14年の手術で右目の中心部に視界が戻った一方、左目の方は視界の端が見えるにとどまる。料理の味付けは、家事全般が得意な悠の役目。調味料は既製品ではなく、「さしすせそ」を合わせて味をみる。

「味付けは悠さんの方がうまいんです。炊き込みご飯にしても〝炊き込みご飯の素〟を使わずに、しょうゆ、酒、みりんで作るんです。私が料理を作っても〝あの調味料をくれ〟と直されるんで。私はオムライスが好きで、独り暮らしの時はよく作っていました。なので1回作って出してみたら、普通の反応でした……」

「普通の味がしました(笑)。自分としては得意料理はすき焼きですね。割り下から作ります」

「結婚前、東京に悠さんが来てくれた時、私が練習から帰ったら、悠さんがオムライスと肉じャがを作って待っていてくれたことがあるんです」

「できる男なんですよ（笑）」

冗談を飛ばす悠の横で、穏やかに素直な感情表現をする順子。夫がリードする夫婦かと思いきや、プロポーズは順子からだった。

交際当初は東京、愛媛の遠距離恋愛。交際からまもない15年8月、遠距離を理由に別れ話となった際、順子が電話で「距離が問題なら結婚して」とプロポーズ。「柔道はどこでもできるけれど、結婚は悠さんとしたい」と切り出した。

練習の時間になれば自宅で柔道着に着替え、道場まで歩いて行く。家に帰れば柔道談義。時には柔道が原因でケンカもする。

共に歩む、柔の道。

パラスポーツには健常とほぼ同じルールの競技がいくつかある。柔道もその1つだ。違う点は、試合は互いに襟、袖をとった状態からスタートすること。組み手争いが少ない分、攻守の入れ替わりが目まぐるしく、投げ技で争うことが多い。それだけに、観客としては手に汗握る展開を観戦することができる。

16年リオでは廣瀬夫妻が話題をさらった。メダルを獲得したのは妻・順子だ。女子57kg級で銅メダルに輝いた。リオでは日本女子第1号、そして04年アテネから採用されたパラ柔道で日本女子初のメダルでもあった。

山場は初戦の準々決勝。当時世界ランキング2位の相手、サビーナ・アブドライェバ（アゼルバイジャン）に小内刈りを仕掛け、残り1分40秒頃から押さえ込みに入って一本勝ちを収めた。

続く準決勝では独特の組み手を持ち味とする12年ロンドン銀の地元ブラジル選手に一本負けを喫したが、3位決定戦では、過去2戦2敗と分の悪いマリア・モニカ・メレンシアーノ・エレーロ（スペイン）に見事な一本勝ちを収めた。

前夜に、夫・悠と対戦相手を想定した練習をしており、積極的に技を仕掛けて開始早々に大外刈りで有効のポイントを奪取。2分過ぎに一本背負い投げで技ありを奪い、そのまま横四方固めで相手を押さえ込んだ。

「絶対に負けたくないと思って試合をしました。悠さんが試合前にもアドバイスをくれて、それが役に立って勝てたと思います。練習にも付き合ってくれたし、指導もしてくれて獲れたメダルでもあると思うので、すごく感謝しています」

畳の上でほほ笑む妻に、夫は観客席でスタンディングオベーションを贈った。

2人とも高校時代にインターハイに出場した猛者だが、柔道歴は悠の方が長い。小2から柔道を始め、中、高校時代は柔道部主将。スポーツ強豪校で知られる宇和島東高で全国高校総体に出場した。高2の時に緑内障が判明し、卒業後は一時働いたが、イライラが募っていた。このままではいけないと20歳で上京し、アルバイトをしながらブラジリアン柔術の教室に通った。その3年後に障害者手帳を取得したことで、マッサージ師の資格を取るために愛媛へ帰郷。盲学校に通う中で柔道を再開することを勧められた。

100kg級で初出場した08年北京は5位入賞。12年ロンドン代表の座は国内トップ選手の北薗新光に明け渡したが、以降も柔術を併行する寝技の鬼として、国内第一線で活躍してきた。

順子からのプロポーズで結婚を決め、16年2月にはグアムで挙式兼新婚旅行。2人で稽古をする日々が始まった。もともと練習は好きではなかったが、妻と一緒に行うことで相乗効果が生まれたという。

「練習は嫌いなんですが、結婚したことで選手兼コーチになったのに、コーチがのらりくらりしていたら、しめしがつかないし、練習は相手より3歩先まで行きたいし」

減量のために地元・愛媛県松山市内の太山寺に続く山道を往復6km、週3～5回サウナスーツを着て走った。走り込みでスタミナも培われたことにより、長期戦になっても技を出し続けられるようになった。柔術の練習にも妻と連れ立ち、選手として、そしてコーチ役として稽古に励んだ。

山口県で育った順子は少女漫画「あわせて1本！」に憧れて小5で柔道を始めた。西京高でインターハイに出場し、大学でも柔道部に入った。入学後に膠原病の一種「成人スティル病」を発症し、入院中に視力が低下した。「この先、どうやって生きていけばいいか不安」となり、大学を辞めた。柔道も辞めた。

　リハビリ中に、障がいに対応して学べる花園大を紹介されて10年に入学。ボランティアサークルに参加し、視覚障がい者のパラスポーツ「ゴールボール」大会を見て、選手たちを「うらやましい」と思った。自分も何か一生懸命になれることをしたい。3年夏に柔道を再開した。

健常者の柔道とルールはほぼ同じだが、闘う上でコツは異なる。パラ柔道では腕で押し引きするパワーが重要であるため、海外勢よりも小柄な順子は筋力トレーニングがより必要となる。また、試合は全盲に近い「B1クラス」のほか、障がいが軽いB2、B3クラスも参加するため、選手の視力は個々で異なる。視界の中央部と外側が見えない順子は、死角に相手が入っても反応できるように、さまざまなタイプの選手と稽古することが大事だという。

13年に全日本で優勝し、15年には3連覇。同年2月のW杯ハンガリー大会では3位決定戦で残りわずかの時間帯までポイントでリードしていたが、ルール改正で禁止されたばかりの足取りをしてしまい、反則負けを喫した。しかし、世界の上位に近付いている予感を漂わせ、周囲の期待通りに16年リオで銅メダルを獲得した。

一方、悠のリオは不完全燃焼だった。1回戦は12年ロンドンの金メダリスト、ホルヘ・イエレスエロ（キューバ）に優勢勝ちを献上。敗者復活戦初戦は同銀メダルのサミュエル・イングラム（英国）と組み手が合わず、4回の指導を受けて反則負けを喫した。

順子はテレビ番組出演、イベントに呼ばれるようになり、コーチを務める悠のキャラクターも相まって2人での参加が多いが、メダルで世界は変わった。

「メダルを獲る人を横で見て、獲ると獲らないとでは、こんなに差があるんだなというのを目の当たりにしました。全然違います。本当に違いますよ。周りの人も、僕が8年前に行った時は〝ああ、行っとったんや〟みたいな感じやったんですけど、今回帰ってきたら、もう1日5人ぐらいに声かけられる。僕も〝あのコーチ、良かったね〟みたいな感じじゃなくて、〝ああ、僕、獲ったんですよ〟って言いたいんですよね」

20年東京に向けて、2人で進化する。

「僕はメダルも獲れなかったし、順子さんの試合を見ても、まだまだ金メダルには足りないものがすごくあって、練習メニューも変えている。それ以上に、もっと努力しないとダメだというのが分かったので、リオ後の1年間は自分たちが進化していく年にしようと思っています」

夫が妻を指導するスタイルは変わらない。しかし、2人でいるからこそ日々の稽古に打ち込める。

「僕は人に厳しく、自分には甘いタイプ。寝技の練習は弱音を吐くくらい厳しく指導していますが、彼女はしっかりついてくる。そんな姿に、こちらが励まされることも多い」

苦しい稽古であればあるほど、1人なら手を抜いたり、投げ出したりしたかもしれない。しかし、互いが互いを見ている夫妻は、共に歩んだからこそ乗り越えてきた自負がある。

「東京では〝夫婦で金メダルを目指す〟と胸を張って言えるようにしっかり実力をつけたい」

「頑張ろうね」

2人は顔を見合わせてうなずいた。

【プロフィール】ひろせ・じゅんこ。１９９０年10月12日、山口県山口市出身。愛媛県松山市在住。西京高―花園大。伊藤忠丸紅鉄鋼所属。練習拠点は愛媛県内の高校、大学など。旧姓・三輪。１ｍ58、55㎏。障がいは視覚障がい（血栓性血小板減少性紫斑病）。

【プロフィール】ひろせ・はるか。１９７９年７月17日、愛媛県松山市出身、在住。宇和島東高―愛媛県立松山盲学校。伊藤忠丸紅鉄鋼所属。１ｍ73、93㎏。障がいは視覚障がい（緑内障）。

ファンタジスタ

サッカー王国出身

佐々木ロベルト泉

ブラインドサッカー

山を登る時に真ん中で諦めたら、上に行かないでしょ？
だから、人生も同じ
変なことといっぱいあるんですけど、諦めないことが一番
どんな壁があっても、壁があったら壊せばいい
だけど、その壁を超えることは一番大事

観客席でジャパンブルーのユニホームが揺れる。「ニッポン！　ニッポン！」。試合前には応援団長的存在のサポーターが音頭を取り、日本代表の応援でおなじみのコールが連呼される。ピッチ上では選手たちが縦横無尽に駆け回り、コンタクトプレーも恐れない。

通りがかりの人はおそらく、「サッカーの代表戦が行われているのかな」と思うに違いない。そう、代表戦。ブラインドサッカーの代表戦。

想像しているサッカーと大きく異なるとすれば、フィールドプレーヤー（ＦＰ）が全員「見

えない状態」でプレーしていることだ。

提供：日本ブラインドサッカー協会

パラスポーツの人気競技であるブラインドサッカー。FP4人、ゴールキーパー（GK）の1チーム5人制で、ピッチはフットサルとほぼ同じ大きさで行われる。視覚障がいのある選手が対象で、障がいの度合いは「B1」「B2」「B3」に分けられる。最も障がいが重い「B1」は全盲、もしくは光を感じることができる「光覚」に限られており、このクラスのみがパラリンピック正式競技となっている。

障がいの度合いは選手によって差があるため、平等性を保つためにFPはアイマスクを着用する。GK、そしてゴール裏で味方にゴールや相手の位置を音声で伝える「ガイド」という役割の2人だけ、晴眼者もしくは弱視者が務める。

つまり、ドリブル、パス、シュート、ディフェンスなどFPによる全てのプレーは、全て暗闇の中で行う。転がるとシャカシャカと音が出るボールを使用しているとはいえ、何も見えない中で、だ。

選手は味方、相手の声を聞き分け、気配を感じてプレーする。ボールを目掛けて移動するだけではない。守備時は陣形を整え、攻撃時もいわゆるサッカーの「システム」としてポジションに就く。ドリブルで1人、2人を抜くことも稀ではない。

初めてブラインドサッカーを観戦した人は一様に驚く。

「まるで見えているみたい。……本当は見えているんじゃないの？」

そう疑われることすら、彼らには褒め言葉だ。


「Ｖｏｙ！ Ｖｏｙ ｖｏｙ!!」

練習でも試合でも、たびたび掛け声が響き渡る。Ｖｏｙ（ボイ）はスペイン語で「行く」の意。アイマスクを着けた選手同士の衝突を避けるために、ボールを持った選手を止めに行く時はこの掛け声が義務付けられており、言わない場合はファウルを取られる。日本代表には、ひときわ本場の発音に近い「Ｖｏｙ」を発する選手がいる。

ポルトガル語を母国語とするブラジル出身、日系3世の佐々木ロベルト泉だ。

「ブラジルでは、サッカーをすることは毎日ご飯を食べるみたいに当たり前のこと。ブラインドサッカーの方が、当たりが強くて激しいね。始めた時はドリブルが難しかったけれど、結構楽しかったから。ブラインドサッカーができて本当に嬉しかった。人生が面白くなった」

屈強な身体能力を持ち、体力測定では健常のサッカー選手に近い筋力の数値を叩き出したこ

ともある。ディフェンダー（ＤＦ）でありながら、ＰＫを任されるなど得点力も兼ね備えた中心選手。流暢な日本語で周囲を盛り上げる陽気な人柄がピッチ内外で愛される。ファーストネームを略したニックネーム「ロベ」は今、両目に義眼を入れている。

佐々木の系譜は、日本からブラジルへ移民した祖父母にさかのぼる。父の両親が長野県からブラジルへ渡り、現地で日本人の父、ポルトガル人の母との間に生まれた。「泉」は祖父の名前が由来だ。

決して裕福な家庭ではなかった。サッカーをするにも専用のスパイク、ボールは高価過ぎて購入できなかった。子どもの頃のサッカーは、紙を丸めたボールを蹴っていたという。

自身の来日は父の死がきっかけだった。大黒柱を失い、母も病の床に就いた。家計を支えるために15歳から働き、18歳の1997年に出稼ぎで来日した。茨城県内の工場などに勤務し、ブラジルの家族へ仕送りする日々。仕事に慣れた頃、佐々木の青春が始まった。

「家族助けるために日本に来て、お母さんにお金送った。日本語を覚えるために、楽しいことをやりました。遊びに行きましょうとか、ドライブ行きましょうとか」

人懐っこい人柄から、日本にもなじむスピードも早かった。なじむだけでなく、好奇心旺盛な佐々木は持ち前の運動能力を生かし、さまざまなスポーツに取り組んだ。

「仲良くなるには、スポーツね。ブラジルではサッカーのほかに、空手もやっていました。日本でもいろんなことをやった。カポエラ、剣道、居合、格闘技ね。剣道は初段を取ったよ。スポーツやることで世界が広がると思っていました。でもね、一番好きだったのは車の運転」

２００６年、その車で勤務先へ向かう途中で交通事故に遭った。顔、心臓を大きく損傷し、右の眼球は潰れ、左の眼球は飛び出した。16日間昏睡状態に陥り、気がついた時は暗闇の中にいた。事故から目覚めるまでの記憶はない。

声で妹が病室に付き添っていると分かった。ポルトガル語で言葉を交わした。

「何が起こったの？　真っ暗なんだけど」

「……もう、目は見えないんだって」

両方の眼球を失った目から涙が伝った。

「人生、もう終わったと思いました」

異国で事故に遭い、仕事を失う。絶望してもおかしくはない状況で、佐々木を救った原動力は10代半ばから働き続けたバイタリティーだった。

何かを失ったとしても、生きなければいけない。視力を失ったことを踏まえ、手に職をつけようと鍼灸の資格を取るために筑波技術大へ進学した。そこで視覚障がい者のサッカー「ブラインドサッカー」と出合った。

「大学のチームがありますので、紹介してくれて。ブラジル出身だから、サッカーできるでしょって誘われた」

誘った人物は同大学の助教で、強豪クラブチーム「Ａｖａｎｚａｒｅつくば」のＧＫでもある福永克己さん。「Ａｖａｎｚａｒｅつくば」は、魚住稿監督率いる国内トップクラスのチームだった。

少年時代は、ブラジルで紙製のボールを蹴っていた。

「きちんとね、サッカーできることは、すごく嬉しいんですね」

人生に再び光をともしたのは、母国・ブラジルで慣れ親しんだサッカーだった。

当初は健常のサッカーと異なる動きに苦戦した。健常のサッカーでドリブルする際はボールを前へ蹴るが、ブラインドサッカーでは自分の両足の間にボールを横移動で往復させるようにしながら、徐々に前進する場合が多い。また、見えない状態でのコンタクトプレーには恐怖心が先立った。何度も他選手とぶつかり、あざを作りながら練習を積んだ。
「まるで見えているかのような」プレーにたどり着くには、練習しかなかった。作戦を理解するため、晴眼者の指導陣から指で背中に〝見取り図〟を書いてもらった。具体的な動きは相手の体を触って覚えた。ガイドが声でＦＰにゴール位置を指示する言葉「８、45、シュート」（ゴールまでの距離８ｍ、角度45度、今のタイミングでシュートの意味）の内容も、反復練習で感覚をつかんだ。実際の視界は暗闇でも、頭の中では立体的に敵味方の位置が把握できるようになった。

ブラインドサッカーならではの技術が上達するにつれ、生活にも張りが出た。事故後の苦しい時期を支えてくれたブラジル人の恋人と結婚し、長男が誕生した。視力は失ったが、サッカーと家族を得た。

人生の再スタートはこれからだ——。しかし、幸せもつかの間、妻から切り出されて離婚。一時は競技から離れて自暴自棄となった。元妻と息子はブラジルへ渡り、佐々木にはサッカーだけが残った。

「人間は１人では生きられない。自分の世界は真っ暗だけど、サッカーをやる時は色々できる。生き方をどうするか、いろんなことにチャレンジしたかった」

大学では鍼灸学科から情報システム学科に編入。マッサージの技術だけでなく、パソコンのスキルも磨き、自分の可能性、選択肢を増やすことを念頭に置いた。

「PC、ウェブ、HPを勉強しました。株もやったりして、まずは自分の〝武器〟を作りたいから」

再びサッカーにも身が入るようになった。

13年の帰化と共に日本代表入りを果たし、日本開催となった14年世界選手権はジャパンブルーのユニホームをまとって出場。日本は佐々木の献身的な守備もあり、過去最高の6位に入った。

優勝はサッカー王国であり、母国でもあるブラジルだった。カナリア色のユニホームに身を包んだ代表は、「トライアングル」と呼ばれる三角形のシステムでパスをつなぐスタイル。ロングパスを易々と通す連係プレーは、まさに「見えているのでは」と思わせる鮮やかさだ。予選リーグは無失点無敗で決勝トーナメントに進出し、準決勝で中国、決勝でアルゼンチンを撃破して優勝。パラリンピックで競技が採用された04年アテネ以来金メダルを獲り続ける最強国の強さを見せつけた。

表彰式後、佐々木はブラジルチームの選手から声を掛けられた。金メダルを首にかけてくれ、「次はあなたの番だ」と激励を受けた。

16年リオパラリンピック。佐々木にとっては母国への凱旋であり、現地に住む息子に雄姿を見せるチャンスだった。

「絶対に行く。〝行きたい〟じゃなくて〝行く〟。そういう気持ちで試合しないといけない。代表に呼んで良かったと思ってもらえるように。まずはアジアで一番にならないとね」

そう決意して15年アジア最終予選（東京・渋谷）に臨んだが、日本はライバルの中国、イランの壁を破ることができず、上位2カ国に与えられるリオ切符の獲得はならなかった。意気消沈したまま臨んだ3位決定戦でも韓国に敗れた。

20年東京パラリンピックは42歳で迎える。しかし、佐々木は代表の第一線を譲るつもりはない。日本は開催国枠で初出場が決まっており、代表チームはこれまで結果を出せなかった自国開催となる国際大会でのリベンジを誓っている。

過去最高の6位入賞もアジアでトップにはなれなかった14年世界選手権、そしてリオ出場を逃した15年アジア最終予選――。16年のブラジル遠征ではアジア最強の中国に初勝利を挙げるなど、努力は実を結びつつある。

「日本代表として決勝でブラジルと対戦するのが夢。世界一になるためには、自分に甘くするのは絶対だめ」と意気込んだ。

異国へ渡り、多くのものを失い、多くのものを得た。

「人生も変なことといっぱいあるんですけど、諦めないことが一番。山を登る時に真ん中で諦めたら、上に行かないでしょ？　だから、人生も同じ」

人生は一難去って、また一難。

「どんな壁があっても、壁があったら壊せばいい。だけど、その壁を超えることは一番大事」

佐々木が身を包むジャパンブルーのユニホーム。そう、代表戦。

ブラインドサッカーの試合が健常のサッカーと異なる点は、サポーターが声援を送るタイミングはインプレー以外の時間に限られていることだ。

ボールの音、相手の息遣い、熱気。味方の声の響き方、ガイドの指示。

「音が命」のブラインドサッカーでは、熱いサポーターも息をのんで静寂を助ける。それだけに、歓喜の大声援は選手の心にしみる。

「フィールドの中に入ったら、もう生きるか死ぬか。生きるということは一生懸命に戦うこと」

サッカー王国のＤＮＡを引き継ぐ佐々木はサムライとして、20年東京のピッチに立つ。

【プロフィール】ささき・ろべるといずみ。１９７８年５月２日、ブラジル出身。日系３世。ブラジル・サンパウロ郊外にある農家の長男として生まれる。幼少時はサッカー、フットサル、バレーボールを経験。所属チームは２０１３～２０１６年日本選手権４連覇のＡｖａｎｚａｒｅつくば。筑波技術大。ポルトガル語、日本語を話す。ポジションはＤＦ。

日本の未来を担うエース
川村 怜
ブラインドサッカー

ゴールを決めた瞬間が最高の快感
世界に勝つために、自分の限界にチャレンジしています

息を潜めてプレーを見つめる観客たち。静けさと緊張感に包まれたピッチに、熱の入った声が響く。

「敵1枚！」

「ゴール正面！　8m！」

暗闇の中、味方から指示が飛ぶ。マッチアップするディフェンダー（DF）の声が交錯する。

「Voy！」

研ぎ澄ませた聴覚がイマジネーションを奮い起こす。

心の目に対じする敵の姿が浮かぶ。

ボールや動きの強弱を巧みにコントロールし、「音」のフェイントをかける。翻ろうされた

相手の「Ｖｏｙ！」の声がやむ。

後はかわすだけ。足にボールが吸いつくような細かいタッチのドリブルで抜き去る。

スピードに乗ってゴールに迫る。

ゴールキーパーの動きさえも耳で読み取る。

右足を鋭く振り抜く。ボールは、アイマスク越しに立ちはだかる相手守護神の逆を突く。静寂を歓声が切り裂く。

シュートが決まった。

ブラインドサッカー日本代表のエース・川村怜は、この瞬間に最上の喜びを味わう。

目は見えない。

しかし、それを才能と捉えている。

だからこそ、輝ける舞台があると。

日本のブラインドサッカーの未来を担うファンタジスタだ。左右両足を自在に使いこなし、正確なシュートとパスを放つ。

ドリブルも多彩で細かいタッチや、足の内側（インサイド）と裏側を巧みに使い分けて緩急をつけ、相手を揺さぶる。

インサイドから逆足のインサイドへ素早くボールをスライドさせてフェイントをかけた後、前に蹴り出して相手を突破する。

試合の妨げにならないよう、観客はプレー中に声を出すことが禁止されているが、あまりの妙技に思わず嘆声を漏らしてしまう者もいる。

ボールには特殊な金属部品が埋め込まれており、転がるとシャカシャカという音が出る。プレーの指示を出す役目は、監督や主に晴眼者もしくは弱視者が務めるゴールキーパー（GK）たち。相手ゴール裏に構える「ガイド」は「45度！」「打て！」など、味方攻撃陣にゴールまでの距離や角度、シュートのタイミングを伝える。

ボールに迫るDFは危険な接触を避けるため、スペイン語で「行く」を意味する「Ｖｏｙ」という声を発して相手に位置を知らせることがルールとなっている。

これらの音に導かれ、選手たちはプレーする。

川村は、全ての音を正確に聞き分けることができるという。

鋭敏な聴覚、極限まで高めた集中力によって、ボールや相手の動く音を瞬時にキャッチ。脳裏には、ピッチと周囲の選手たちの姿が立体的に描かれる。

音に支配された状況も逆手に取る。足とボールの接着時間を長くすることでボールの音を吸収し、相手ＤＦが予想する距離感をずらす。時にはボールを止め、相手から〝消える〟。

攻防の中でも、より遠くに位置するGKが発する音すら聞き逃さない。横に移動した際に出るわずかな足音をとらえ、位置を把握する。多くの選手はガイドの指示でシュートを放つが、ピッチのシチュエーションをリアルタイムで描ける川村は、それを待たずして足を振り抜き、GKの意表を突く。

鍛え抜かれた空間認知力。同時に、スーパープレーの原動力となっているものがある。サッカーへの愛だ。

「サッカーが自分を成長させてくれた。何よりも楽しい」

一度は諦めたサッカーで再び世界を目指せる喜びが、ポテンシャルを覚醒させた。

目の中に炎症が起こる病気「ぶどう膜炎」が見つかったのは5歳の時。2年後、自宅近くの公園で頭部を強く打ち、網膜剥離を患ったことで症状が悪化。視力が急激に低下した。

それでも、サッカーが大好きだった少年は小1から地元のチームに入った。試合観戦をきっかけにジュビロ磐田を応援するようになり、当時エースだった「ゴン」こと中山雅史の大ファンになった。中山が右足を骨折しながらもゴールを決めた98年W杯フランス大会をテレビで見て、サッカー熱はさらに上昇。小6の頃には将来の夢を「日本代表選手」と決めた。

しかし、中学進学時に夢は絶たれた。サッカー部への入部を希望したが、地元強豪校でレベルが高く、弱視のため苦手の空中戦もあったことから、「部活でやるのは厳しい」と顧問から言われた。

サッカー選手への道を断念。中学、高校は陸上部に入り、中距離選手として活躍するも、サッカーを忘れることはできなかった。

プレーヤーではなくてもサッカーに携わりたい。「手に職をつけた方がいい」という親の勧めもあり、選手をケアする鍼灸マッサージ師を目指した。07年に筑波技術大保健科学部に進学し、弱視クラスのフットサルチームに所属した。

そこでブラインドサッカーと出合った。

1人の選手の動きに衝撃を受けた。アイマスク姿にもかかわらず、絶妙なフェイントで相手を抜き去り、強烈なゴールを決めたのだ。

つくば市のブラインドサッカークラブ「Ａｖａｎｚａｒｅつくば」創設者の1人で、当時の日本代表・田村友一だった。

くすぶっていた思いが弾けた。田村のように自分も感動してもらえるプレーがしたい。Ａｖａｎｚａｒｅつくばでプレーすることを決めた。

ブラインドサッカーは、国内では弱視者でも健常者でも参加できる。アイマスクを着けたプレーに当初は恐怖心を抱いたが、慣れるにつれて本領を発揮していった。日本代表に憧れた小学校時代の経験、陸上で培った脚力や体幹の強さ、スタミナが生き、プレーの質は群を抜いた。実戦を重ねるにつれ、聴覚も鋭くなり、空間認知力も上がった。自らのセンサーをフル稼働させ、コーチングに頼らず〝自分の意思〟でプレーできる能力は絶大な武器となった。

チームの主力となり、早い段階から代表レベルの実力を見せていた。しかし、弱視のためブラインドサッカーの国際大会に出場することはできなかった。国際大会は医師によるジャッジでB1クラスと判断された選手しか参加できないからだ。

視覚障がい者5人制サッカーの選手は、障がいの程度により3つのクラスに分けられる。全盲から光を感じられる程度の「光覚」までがB1、矯正後の診断で視力0・03まで、ないし視野5度までがB2、矯正後の診断で視力0・1まで、ないし視野20度までがB3クラスとなる。主にB1クラスの選手が出場する競技がブラインドサッカー、B2、3の選手がプレーする競技はロービジョンフットサルと呼ばれる。

ブラインドサッカーの国内大会は健常者や弱視者でも参加できるが、国際大会でプレーできるのは当該クラスの選手のみとなっている。

そんな中、視力はさらに低下していった。12年には「見えない」状態となり、13年の検査でB1クラスの診断を受けた。

病状が進むとパラリンピック出場が近づくというジレンマを抱えつつ、夢に描いた日本代表入りは実現した。

代表デビューは鮮烈だった。13年3月20日、埼玉で行われた国際親善大会「ノーマライゼーションカップ」。04年アテネでブラインドサッカーが正式競技になって以降、全てのパラリンピックで金メダルを獲得している〝絶対王者〟ブラジルとの一戦だ。

日本は防戦一方だった。前半は何とか猛攻をしのいだものの、後半は立て続けに2失点。諦めムードが漂う中、代表ルーキーは存在感を示した。

終盤、ボールを受けるとドリブルで中央からやや左サイドに持ち込み、左足を一閃。地を這うミドルシュートがゴールネットを揺らした。

過去のブラジルとの対戦で勝利はおろか、得点すら奪えていなかった日本。歴史的ゴールにスタンドは大歓声に包まれた。

与えられたチャンスを確実につかみ、日本代表の新エースに。以後、代表の象徴であるミッドフィルダー（MF）黒田智成と共に攻撃の核としてチームを牽引していった。


サッカーの醍醐味は、やはりシュートを決めた時だという。

「ゴールを決めた瞬間が最高の快感。試合に勝つためにもゴールは必要なので、1点でも多く点を取りたいです」

15年9月、東京・渋谷で行われたアジア選手権ではチーム最多得点を挙げた。連日訪れた1000人近い観客の熱い応援に背中を押され、7得点をマーク。同時に、同大会ではこの上ない悔しさも味わった。

日本がパラリンピック初出場を目指した16年リオへの道が絶たれたのだ。

6カ国の総当たり戦による予選リーグで、2位以内に入れば出場権が得られた。日本は3勝1分1敗で3位決定戦に回り、リオへの切符は中国とイランが手にした。

課題は攻撃力。ライバルだった中国戦は0―1、イラン戦は0―0と無得点に終わった。フィールドプレイヤーがひし形になる陣形を保つ守備的なシステム「ダイヤモンド」を採用しており、限られたチャンスをものにするオフェンスの中心選手として無念さが募った。

どんな試合でも、どんな相手でもゴールを決められる選手になる――。心に誓った。

15年11月、それまでGKコーチを務めていた高田敏志が代表監督に就任した。「2年で世界のトップに並び、残りの期間でブラジルに勝てるところまで挑戦したい」と宣言した。掲げるスタイルは、ボール支配率を上げて相手を押し込み、イニシアチブを取る攻撃的なサッカー。川村は当然、その中軸を担う。16年からは主将を任された。

一層の熱が入った。自主練習では腕立て伏せ、ジャンピングスクワットといった自重トレーニングを徹底的に行い、体の可動域やしなやかさを保ちつつ、全身の強度を上げている。規則正しい生活も心掛ける。なるべく毎日同じ時間に床に就き、7時間は眠るようにしている。コンディションと聴覚の感度を保つためだ。

地道な努力を積み重ねる毎日。辛いと思うこともあるが、全ては20年東京でチームを勝利に導くため。

「世界に勝つために、自分の限界にチャレンジしています」

サッカーに対する姿勢は厳しいが、ピッチを離れると気のいいナイスガイ。17年4月までは、勤務するアクサ生命でマッサージルームのセラピストとして癒やしを提供しており、出身地である大阪のノリを生かした掛け合いもお手の物だ。

障がいは関係なく、当たり前のように接してもらうことが何より嬉しいという。

見ることが苦手なだけ。そして、それは才能なのかもしれないと思う。世界を目指すことができたのだから。

憧れだった日本代表のキャプテンマークを巻いた青年は、全てに感謝する。

今度は、感動と興奮を与える番だ。

「自分たちに与えられた道を着実に歩んでいきたい」

その先にはきっと、歓喜に沸くサポーターの大歓声が待っている。


【プロフィール】かわむら・りょう。1989年2月13日、大阪府出身。筑波技術大。Avanzareつくば所属。大学時にブラインドサッカーと出合い、競技を開始。13年にブラジルとの親善試合で代表デビューし、初ゴールを奪う。14年日本選手権MVP。15年アジア選手権では、チーム最多となる7得点をマーク。16年からは代表キャプテンに。アクサ生命保険に勤務。

世界で花咲く　美里スマイル

道下美里

陸上

陸上と出合って、いろいろなことにチャレンジできるようになった
走っている時は、まるで見えているかのように
自由に飛び回る鳥のような気分で走っています

タレント顔負けのキュートなルックスには、いつも笑顔があふれている。レース直後に安堵した瞬間、取材を受けるミックスゾーン、パラスポーツイベント。視覚障がい者マラソン界の小さなエース・道下美里の表情には、周囲を明るくする力がある。「苦しい時こそ笑顔」。競技中にさえ、にこやかな顔を見せる。その走りを自ら「スマイル走法」と名付けた。笑みを絶やさない理由は、自分を支えてくれる〝絆〟への感謝だ。

「マラソンはチーム戦。チームの力なしでは勝てません」

生きることもめいっぱい楽しむ。レースや練習に臨む際は、大好きだというピンク色のグッズを身に着け、〝女子〟を満喫する。イケメン好きという女性らしい一面もあり、「格好いい方がいると、お近づきに顔を触らせてもらうんです。見えないことを武器にして」といたずらっぽく笑う。

「目が不自由になったからこその生き方をしたい」

今なら、素直にそう言える。悲しみ、絶望、悔しさ。たくさんの涙の後に開いた笑顔の花は強く、美しく咲き誇る。

悲しみの始まりは、小学4年の時。右目に白い濁りが出た。角膜にアミロイドという物質が溜まる病気「膠様滴状《こうようてきじょう》角膜ジストロフィー」で、日本人約3万人に1人が発症する難病だった。

13歳で右目の光を完全に失った。目が悪いだけでいじめに遭った。もともと引っ込み思案だった少女は、そんな自分も嫌いになった。

それでも短大まで卒業し、働きながら調理師免許を取得した。調理師としてこれからという25歳の時、左目も膠様滴状角膜ジストロフィーを発症。26歳で左目の視力もほぼ失ってしまった。

「社会のお荷物だ」

何もできないと思い込んで絶望し、働いていたレストランを辞めた。家では部屋に引きこもり、自ら命を絶つことも考えた。

家族とたびたびけんかもしたが、母の千代子さんは「私は別に大変って思ったことないよ」と持ち前の明るさで娘を支え続けた。

立ち直るきっかけは走ることだった。千代子さんの勧めで通い始めた盲学校で、目が不自由でも伴走者がいれば走れることを教わった。

感動で心が躍った。風を切って走る爽快感に、そして新たに広がった世界に。

「目が不自由になった時は、自分で自分の可能性を決めつけてしまっていました。でも、陸上と出合って、いろいろなことにチャレンジできるようになった。今の私がいるのは、走ることのおかげです」

最初はダイエットのつもりで、放課後にランニングを始めた。当時は学校の２００ｍのトラックを10周走るのがやっとだった。

元来、運動が苦手で、小学校のマラソン大会ではいつも最下位の方だったという。しかし、少しずつ距離を伸ばせたことが、自信と生きる力につながった。
ほどなく、陸上大会に初めて出場した。８００ｍで50代の女性に負けたことで、闘争心に火がついた。何かをやりたいと思うと猪突猛進するタイプ。〝アスリート道下〟が産声を上げた瞬間だった。

本格的に陸上に取り組み始めると、面白いように記録が伸びた。２００６年ジャパンパラでは８００ｍと１５００ｍで優勝し、日本記録を塗り替えた。日本代表にも選ばれ、07年には世界選手権代表に選出された。しかし、そこで世界との差を痛感することに。８００ｍは予選落ちし、１５００ｍでも5位に終わった。

身長１ｍ44。トラック競技では、大柄な海外勢に対して体格差において不利だった。タイムも伸び悩み、練習からも距離を置くようになった。そんな中、地元の山口県で視覚障がい者によるマラソンが初開催されることを聞いた。

新しい世界と可能性に胸が高鳴った。31歳でマラソンへの挑戦が始まった。

08年「第1回下関海峡マラソン」に出場して完走。記録は3時間38分、女子の部で23位だったが、小柄な体格を生かしたピッチ走法は、マラソンでの大きな武器となった。17年現在の１分間最多ピッチ数は２４０。これは同じピッチ走法の五輪金メダリスト高橋尚子の２００を大きく上回る。

以降、着実に力を伸ばし、13年12月15日の防府読売マラソンで3時間6分32秒の自己ベスト更新。これは日本新記録となり、ＩＰＣ（国際パラリンピック委員会）が発表した13年の世界ランクでも1位となった。14年4月のロンドンマラソンで2位に入ると、同年12月の山口県防府市の大会では2時間59分21秒の世界記録（当時）を樹立。世界最高峰のランナーの1人となった。

視覚障がい選手のレースには、クラスによって伴走者が伴う。道下が所属するＴ12も選手によって伴走者を必要とするクラスだ。伴走者はただ一緒に走るだけではなく、選手が必要とする情報を伝える役割も担う。

「はい右。ＯＫ、そこでいいよ」

「少しペースを上げましょう

か」

「ラスト１０００！」

走者よりも走力があることも絶対条件となる。また、伴走者とランナーは1本のロープを握りあって走るため、走力以外に細かな技術が必要で、ロープの長さ、重さにもそれぞれのコンビにとってベストな長さがあるのだという。

小さなエースの走りを支える源は、「チーム道下」と呼ばれる仲間たち。歯科医、会社員、美容師、看護師といった個性的な面々が、練習やレースなどでパートナーとなる。

道下と伴走者を結ぶものは長さ42㎝の赤いロープで、「キズナ」と呼ばれている。チームの象徴であり、一番の武器だ。

それはまるで血管のようにつながり、同じ鼓動を刻む。伴走者たちは、あ・うんの呼吸で道下の〝目〟となって不安を取り除き、表情やキズナから彼女の心を読み取っては励まし、叱咤する。

まさに一心同体。

「走っている時は、まるで見えているかのように、自由に飛び回る鳥のような気分で走っています」

伴走者のほかにも、チーム道下には１００人以上の仲間が集う。彼らとの絆が、ブラインドランナーの強い光となっている。

09年には〝人生の伴走者〟ができた。1歳上の会社員・道下孝幸さんと結婚した。出会いは、短大時のアルバイト先。まだ、左目の視力が0・5ほどあった時に知り合った。少しずつ視力を失っていく恐怖を和らげ、目が不自由になった時も支えてくれた最愛の人だ。

「例えば背の低い人がいたら、高い所の物を取ってあげるのは当たり前のことじゃない？　だから目が不自由な人が横にいれば、支えてあげるのが当たり前でしょ？　って。そういうことをさらりと言っちゃうタイプの人で。すみません、のろけてしまいました（笑）」

16年。生きる力を与えてくれた陸上へ、そして自分を愛し、サポートし続けてくれた周囲への恩返しを込めて、リオでの力走を誓った。狙うは金メダルのみだった。しかし、結果は2位。レース後はいつもの〝美里スマイル〟を見せていたが、表彰台に立った時、ボロボロと涙がこぼれた。

「そこで君が代を聴くことを強くイメージしていたので。〝ああ、銀メダルなんだ〟っていうことを実感して……」

このままでは終われない。再び心に火がともった。

「120％の力を発揮できる選手になりたいなという思いが、リオの表彰台で湧き上がってきました。東京パラリンピックは、絶対に出たいです。マラソンはたくさんの方に応援していただける大会なので、開催されることになれば、ぜひ来てください」

リオ後はスピード強化に重点を置き、トラック種目のトレーニングにも励んでいる。ピッチ数を維持したまま、歩幅を広げるフォームの改良にも取り組む。全ては、東京パラリンピックのマラソンで金メダルを獲るため。

もう涙はいらない。自国開催のパラリンピックで頂点に立つために、あらゆる事象をパワーに変える。レース中に励みになる応援は「みっちゃん、頑張れ！」だそう。

「勢いよく言ってほしいですね。〝みっちゃん、頑張れ〜〟とかじゃなく、太く強く。〝一緒に行こう！〟ぐらいの気持ちで言ってくれたら、私の勢いが増すと思います」

強く、美しい花は、またいたずらっぽく笑った。

【プロフィール】みちした・みさと。1977年1月19日、山口県下関市出身。福岡県太宰府市在住。中2の時、角膜の機能が低下する病気で右目を失明。その後、左目も発症し、視力は0．001に。26歳で陸上を始め、31歳でマラソンに転向。16年リオで銀メダルを獲得。三井住友海上火災保険所属。1m44、36kg。

世界をまたにかける鉄人
佐藤圭一

トライアスロン、クロスカントリースキー、バイアスロン

千載一遇のチャンスを逃すな

スポーツと出合って、文字通り世界が広がった。

パラアスリート・佐藤圭一の専門は夏にトライアスロン、冬はクロスカントリースキーとバイアスロン。年間のほとんどは海外での遠征、合宿に費やされ、地球上を飛び回る。最初に始めたクロカン、バイアスロンを通してロシア、ウクライナ、カナダなど主に北半球の選手と知り合い、関係者、そのまた知人……と人の輪が広がった。他国の代表が行う合同合宿になぜか佐藤が参加していたことも一度や二度ではない。2014年5月から大会出場を始めたトライアスロンで南半球まで網羅した。

独自の世界人脈がある。Twitterはほぼ英語でつぶやき、時にはスペイン語で日頃の

活動を紹介。ついにはロシア語でインスタグラムをアップしたこともある。

14年ソチ当時はロシアが最強軍団として名を馳せており、ウクライナも強豪国。他国への情報流出に警戒するはずであり、合同合宿に参加するにはハードルが高そうだが「もっと実力をつけたいなと思って。話をしてみたらＯＫが出たので行きました。不思議？　そうですかねえ」とサラリとしたものだ。


早い決断、即行動。

佐藤の瞬発力はパラスポーツと出合い、そして決断していく中で培われた。


障がいは先天性の左手関節部欠損、形成不全。クロカンではストック1本を右手だけで操る。中学卒業後は住み込みで新聞販売店に勤務していた。

19歳の時に98年長野を実際に見に行ったことがある。会場では、クロスカントリースキーを観戦した。

「自分もやってみたい」

興味を持ったものの、当時住んでいた愛知県名古屋市では雪と縁がなく、経済的にも許されない状況だった。

スポーツの世界に入る機会を一度見送った。

再びチャンスの女神が訪れた時期は02年ソルトレーク、その新聞記事を読んだ時だった。銅メダルを獲得した新田佳浩が掲載されていた。当時は印刷会社に転職しており、定時制の熱田高校へ通い始めていた。

エイベックス提供

同じ隻腕の選手が、世界の舞台で活躍している。自分の人生はこのままでいいのか。

今度こそ、逃さない。

自分もパラリンピックを目指すと決め、貯金に励んだ。05年5月、25歳の時に印刷会社を退社し、全財産を持って単身カナダへ渡った。

ワーキングホリデーで入国し、まずはスキー場でリフト係として働きながら競技にチャレンジ。1年間の留学から帰国後は練習場所、試合を求めて長野県や東北地方を車で転戦した。宿泊費を浮かせるために車中泊を繰り返した。

試合で経験を積む傍ら、生活費、活動費を稼がなくてはならない。

スポンサー探しのため、レース歴をまとめた資料持参で200社近くを回った。07年に名古屋市内の企業で経理の仕事を得て、同年に代表チーム入り。翌08年にはW杯ドイツ大会で国際大会デビューを飾った。

日本では表彰台の常連となり、10年バンクーバーで念願のパラリンピック初出場を果たした。クロカンではリレーの5位を最高に、個人種目はスケーティングが可能なフリー種目の長距離（ロング）で17位、定められた溝の中で直線的に滑るクラシカル種目はスプリントで26位。スキーレースに射撃を加えた「バイアスロン」では中距離（ミドル）で14位、追抜のパシュートで12位となり、世界の壁を痛感した。

新聞記事を読んで刺激を受けた新田は、バンクーバーで金メダルを獲得した。

自分もレベルアップを図りたい。

打開策は現在の〝世界人脈〟を作り上げた、海外勢との合同合宿ツアーだった。

13年は6月のウクライナを手始めに、毎月各国の代表合宿を渡り歩いた。7月はカナダ、8月は再びウクライナ。そして10月は当時世界最強のロシア、11月は日系人選手のブライアン・マッキーバー、コーチであるその兄がいるカナダへ飛んだ。

もちろん、日本人はたった1人。異例中の異例の出来事だ。

「所属先からの給料を、自分の強化にどう生かそうか考えたんです。それが、この方法でした」

人見知りしない、明るい人柄。イケメンっぷりも相まって、冬季競技では「クロカン王子」

の愛称で親しまれる。海外遠征、大会で他国選手へ積極的に話しかけていたことが幸いし、「ケイイチなら」と受け入れてくれた。

2度目のパラリンピック出場となった14年ソチの最高順位はバイアスロン12・5㎞（ミドル）、15㎞（ロング）の10位。入賞はならなかったが、4年前からは躍進した。

3月の本番を前に、1月下旬に行われたW杯ドイツ大会でレース中に転倒し、右手親指裂傷を負って手術していた。全治3、4週間と診断され、翌2月のジャパンパラ旭川大会ではノーストックで出場。「親指に力を入れてストックを握るわけではないので、（ストックのグリップを）包み込めるようになれば大丈夫」と気丈に話したが、直前の大けがは万全の調整には至らなかった。

14年5月、夏競技に挑戦を決めた。ソチの反省を踏まえ、新しい挑戦を取り入れることで世界と闘える自分を作ろうと考えた。

疲労が出るレース後半を克服するために、16年リオから正式競技の採用が決まったトライアスロンに取り組んだ。冬季競技も続けながら、夏はトライアスロンで20年東京出場を目指すことにした。

国際大会出場を重ね、リオ代表発表で当初は名前がなかったが、追加発表にエントリーされた。既に発表されていた陸上車いすの部で、ソチではバイアスロン銅メダルを獲得した久保恒造が日本男子初の夏冬出場第1号となっていたが、佐藤も代表入りしたことで１大会で２人の史上初が誕生した形となった。

夏も冬も過酷。

クロカン日本代表チームの荒井秀樹監督は佐藤の挑戦について「トライアスロンで心肺機能が上がっている。ラストスパートも粘れるようになった」と相乗効果を認めた。

リオのトライアスロンは11位に終わったが、冬季競技では17年3月のW杯札幌大会はバイアスロンの７・５㎞（ミドル）で5位に入賞。過酷な状況に身を置くことで最善を尽くしている。

エミネムの名曲「Ｌｏｓｅ　Ｙｏｕｒｓｅｌｆ」の歌詞にもある、英語ではよく使われる言い回し。

Ｔｈｉｓ　ｏｐｐｏｒｔｕｎｉｔｙ　ｃｏｍｅｓ　ｏｎｃｅ　ｉｎ　ａ　ｌｉｆｅｔｉｍｅ

――

「千載一遇のチャンスを逃すな」

この言葉を実践し続け、単身カナダへ渡った25歳当時は想像もつかなかった自分と出会えている。

【プロフィール】さとう・けいいち。1979年7月14日、愛知県名古屋市出身。エイベックス所属。25歳で単身カナダへ渡り、スキーの武者修行。帰国後から選手として大会に出場して07年代表入り。10年バンクーバー、14年ソチ、16年リオの夏冬3大会出場。1m66、58kg。

回転のスペシャリスト

鈴木猛史

アルペンスキー

もっともっと可能性はある
次に目指すものがあれば、もう挑戦者です

3月13日。

人生が変わった日。悲劇の日。そして最良の日。

1997年3月13日、福島県猪苗代町。

小学2年だった鈴木猛史少年は、下校時にバスに乗った。学校と自宅は徒歩でもすぐの距離。いつもは歩いていたが、その日に限って友人たちとバスに乗った。理由は覚えていない。家から最寄りの停留所で降り、バスの前を通り過ぎて道路に飛び出した。なぜそんなことをしたのか。これも分からない。

気がつくと、バスを追い越そうとしていたダンプカーが目の前にいた。

ひかれた瞬間の記憶はないが、引きずられた時の情景は脳裏に焼き付いている。砂ぼこりがひどく、タイヤの焦げた臭いが鼻についた。

救急車で搬送されている時も、意識はあった。傍らに母親がおり、ひどく喉が渇いていた。病院に着いてすぐに麻酔を打たれた。

目覚めると、既に片脚の大腿部が切断されていた。「こっちの脚は動くからね」。そう言われていた片方の足もほどなく、大腿部切断を余儀なくされた。

あまりショックは受けなかったが、以後の車いす生活で周囲からジロジロ見られることはつらかった。

「あの人、足がないよ」

幼い子どもの言葉。悪気はないと分かっていても、両親の前で言われることに心が痛んだ。

危ない。スキーとの出合いの第一印象だ。

スキー板の上に固定された座席に乗り、「アウトリガー」と呼ばれる専用のストックでバランスを取りながら雪山を滑降するチェアスキー。競技では主に1本のスキー板で滑るマシンが使用されており、乗りこなせるわけがないと思った。

猪苗代町はスキーが盛んな地域。わが子にできるものはないかと親が調べてきてくれた。

小3の時だ。幼少の頃から運動神経抜群でスキーも習っていた少年は、恐怖心を抱きながらも1本板のマシンに乗り込んだ。最初は転んでばかりだったが、乗れば友達と一緒に遊ぶことができた。嬉しくて熱中するうち、自在に操れるようになった。

「レースに出てみないか」

才能を見出した福島県障がい者スキー協会からの誘いを受け、大会に参加するようになった。出場する競技はアルペンスキーの座位。下肢に障がいがあるスキーヤーがチェアスキーに乗って行うもので、健常者の大会同様、滑降、回転、大回転、スーパー大回転、スーパー複合の5種目が行われる。

滑るほどに成績は伸びた。小6時には出場資格が16歳以上のジャパンパラに特別参加し、大回転で5位、回転で6位入賞。翌年の同大会では大回転で2位になった。

中学時はスキー部に所属し、障がい者スキーの日本代表合宿にも参加。中3時にはW杯、世界選手権にも出場した。

本格的に競技に打ち込み始めた後、参考にした滑りはオリンピック選手のものだった。

着目した技術は「逆手」。競技の中で旗門を通過する際、ストックに当ててポールを倒していくテクニックだ。

健常者のアルペン競技では一般的に行われているが、ほぼ全てのチェアスキーヤーは体にポールを当て旗門を通過する。逆手を行うには腕を振り上げなければならず、1本板の上で行うと体勢が不安定になり、転倒につながるからだ。

しかし、逆手を使うことができれば、ポールまで体を到達させる必要がなくなり、直線的なライン取りが可能になる。ポールと体が接触することで起こる減速を抑えられるというメリットもある。コンマ1秒を争うアルペン競技においては、絶大なアドバンテージだ。

やればできると信じていた。

「(理想は)健常者に近い滑りですね。聞くと笑われるかもしれないですけど、自分はそう思ってやっています」

すり切れるほどオリンピック選手の映像を見返した。最大限の努力も重ねた。徹底的に行ったトレーニングは、バランス感覚の強化。直径60㎝ほどのゴムボールに乗り、不安定な状態で体を動かし続けるなどのエクササイズを続けた。ボールの上で逆立ちができるようになった頃には、逆手は自分のものになっていた。


14年3月13日、ロシアのソチ。

25歳となった鈴木は3度目のパラリンピックに挑んだ。

この日行われる種目は、最も得意とする回転。アルペン競技の中でも高い技術とコンセントレーションが求められる同種目で、頂点を狙える位置にいた。

高2で初出場した06年トリノは大舞台のプレッシャーに負け、回転で12位。10年バンクーバーでは大回転で3位となったものの、天候不順による競技日程変更にうまく対応できず、本命の回転は15位に終わった。いずれも心の弱さが招いた結果だった。

今回は違った。

バンクーバー後、アルペン座位の日本のエース・森井大輝からのアドバイスで覚醒した。「おまえは半分の力で滑っても1番になれるくらい速いんだから、気楽にやれ」リラックスして滑ることが好成績につながると知った青年は、12―13年シーズンW杯で初の総合優勝。種目別の回転でも年間1位に輝き、「回転のスペシャリスト」と呼ばれるまでになった。

コンディションもすこぶる良かった。先立って行われた滑降で銅メダルを獲得。決して得意ではないスピード系の種目で表彰台に上がれるほど体が切れていた。

照明が夕暮れ時のコースを照らしていた。

金メダルを獲る――。朝から気持ちが高ぶっていたが、会場に入ると不思議と落ち着いた。〝王者〟の自信と経験が集中力をもたらした。

迎えた1本目。展開を踏まえ、あえて抑えて入った。シャーベット状の雪で覆われたコースはレースが進むにつれて凸凹に削られ、選手の転倒が相次いでいた。

ピンク色のチェアスキーで、慎重にシュプールを描いた。巧みなブレーキングでスピードをコントロール。難コースに板が取られることを防ぎながら、全ての旗門を確実に滑り抜けた。

結果は54秒35で2位。1位のディノ・ソコロビッチ（クロアチア）に1秒61の差をつけられた。２本滑っての合計タイムで１００分の1秒を競い合う同種目では、致命的な差と思われた。

しかし、負ける気はしなかった。いつもの滑りができればいける――。確信があった。

いつもの滑り。逆手を最大限に駆使したアグレッシブな滑り。チェアスキーの世界では誰にも真似できない滑りだ。

２本目。夜のとばりが降り、シャーベットの上に雪が降った。

コース条件はさらに悪化したが、神経は研ぎ澄まされていた。全ての景色がクリアに見え、コーチからの指示もいつも以上に明瞭に聞こえた。一方で、気持ちはリラックスしている。

いわゆる〝ゾーン〟状態に初めて入っていた。

何の迷いもなくスタートを切った。

１本目とは打って変わった直線的なライディング。ターンによる減速を最小限に抑え、旗門ぎりぎりのラインを攻めた。

木の枝が折れるような音がテンポを刻んだ。

逆手でポールを倒す時に出る音だ。

肩の高さまで上げたアウトリガーでポールをなぎ払い、ひたすら加速。鍛え上げたバランス感覚でコントロールされたチェアスキーは、しっかりと安定したまま雪面をとらえ続けた。

これまでのどの選手よりも速い。気づいた観客たちのボルテージは上がり、雪山が歓声に包まれた。

全てが完璧に決まった。

ゴールにたどり着いた時、右手で大きくガッツポーズをしていた。

2本目ではただ1人、59秒台をマーク。2位に2秒68もの差をつけてトップに立った。

プレッシャーを感じたのか、最終滑走者のソコロビッチはコースアウト。その瞬間、金メダルが確定した。

レース後、表彰台の1番上で、天に向けて人差し指を突き上げた。

喜びがあふれた。運命を感じた。

事故から17年。3月13日の記憶が、輝く金色に塗り替えられた。猪苗代町から応援に駆けつけた両親に、早く金メダルをかけてあげたかった。

「障がい者になってからも、普通に育ててくれてありがとう」

感謝の気持ちがあふれた。

ソチ後も快調だった。14—15年シーズンに2度目のW杯総合優勝を果たし、15年世界選手権では回転でチャンピオンに。17年には、翌年に控えたパラリンピックのプレ大会として行われたW杯韓国大会（平昌）の回転を制した。

しかし、回転のスペシャリストはさらなる高みを目指す。

「世界一になって満足してしまうと、そこで成長は止まってしまう。もっともっと可能性はある。次に目指すものがあれば、もう挑戦者です」

台頭してきた世界の若手に打ち勝つため、新たな試みに挑戦している。得意の逆手とポールに体を当てながら滑るスタイルとの融合だ。実現すれば、天候やコースコンディションに左右されない柔軟な滑りが可能となる。

「ギャフンと言わせたいんですよ。大人は強いぞって。僕、ものすごく負けず嫌いなので」

大好物はインスタント焼きそば「ペヤング」。茶目っ気のある人懐っこい表情でさらりと語ったが、言葉の中に金メダリストとしての矜持がひそむ。

やればできる――。スペシャリストは、ポールのように各国のルーキーたちをなぎ払っていくに違いない。


【プロフィール】すずき・たけし。1988年5月1日、福島県耶麻郡猪苗代町出身。埼玉県飯能市在住。猪苗代高―駿河台大学―駿河台大職員―カヤバ工業（KYB）。小2の時に交通事故で両脚を切断し、車いすユーザーに。小3からチェアスキーを開始。10年バンクーバーの大回転で銅、14年ソチの回転で金、滑降で銅メダルを獲得。12―13、14―15シーズンW杯総合優勝。障がいクラスはLW12―2。

不屈の言魂

パラ界のリビング・レジェンド

別所キミヱ

卓球

泣いても笑っても、同じ人生ですからね
「できない」じゃなくて「できたことを喜ぶ」ことが大切
走り出したら、できるところまで行こうかなって
走ってる方が生きてるって感じがしません？

勝負下着は紫。茶髪にサングラスを乗せ、関西弁で軽やかにしゃべり倒す。

２０１７年12月で御年70歳。パラ卓球の車いす女子部門、日本最強のアスリートはド派手な関西のおばちゃん、別所キミヱだ。

「よく言われるんですよ、派手だって。でも、私は普通にしてるだけなんですけどね」

16年リオパラリンピックは世界ランキング7位（当時）で出場権を獲得。試合会場には、蝶のヘアアクセサリーを編み込みに39個あしらい、ばっちりメークに原色のネイルアートで登場した。大舞台での特別バージョンではあるが、普段からメークとネイルは欠かさない。

世界を相手に奮闘する姿と共にファッションも話題となり、リオ直前に出演したフジテレビのパラリンピック特番「リオ2016パラリンピック開幕直前SP～マツコが全力応援宣言！みんな凄いじゃないのDX～」では、司会のマツコ・デラックスに「勝負下着は紫。レースもついています」と告白。全国の度肝を抜いた。

リオデジャネイロの日本選手村では、各選手から「勝負下着、持ってきましたか？」の話題をきっかけに、一緒に写真撮影をせがまれた。試合会場では海外の審判に「何歳ですか？」とたずねられ、当時の年齢68歳を伝えると「アンビリーバブル」と驚かれた。

帰国後は、駅のホームでアイスもなかをかじっていたら、近くにいた人に「卓球の人ですよね？」と見破られた。「油断できない。うっかり買い食いもできなくなったわ」と笑うまでに知名度が上がった。

「私、68歳でブレークしまして。生きてて良かったですよ。こんな幸せなことはないなあ。年配のかたも大丈夫ですよ！　私が頑張っている限りは、年齢なんか関係ないです」

いわゆる、お達者アスリートではない。パラ卓球は健常の卓球と道具、ルールはほぼ同じで、車いす選手用に若干の特別規定が設けられているだけだ。卓球台の高さも健常競技と変わらず、顔と同じ高さに飛んでくる球をさばくには動体視力と共に、やはり鍛錬が必要となる。

障がいの内容、度合いで区分けされる部門は立位、座位合計で11クラスに分かれており、別所は「クラス5」。両足にしびれがあるため、立つには両手で体を支える必要があるが、車いす選手の中では最も障がいが軽いクラスに属している。

リオ代表を決定づけた世界ランキング7位（当時）の実績通り、対戦相手をきりきり舞いさせる魔球「エアB」で孫の年齢にも当たる若者たちを次々と撃破してきた。

魔球は、サーブレシーブにバックスピンをかけて打ち返す山なりの球。息子ほどの年齢差があるコーチと共に研究した決め球で、車いすに乗った相手の手が届かないネット際にポトリと落とす。男子プロテニスのスター・錦織圭の得意なプレー「エアK」に倣い、使用するラケットブランドであり、自身の愛称でもある「バタフライ」の頭文字から命名した「エアB」は、世界で戦うための必殺技となっている。

日常生活では、専用のグローブをはめて急ぎの時は車いすをかっ飛ばす。介助するつもりで待っていた人が別所の車いすを走って追いかけたことも一度や二度ではない。

兵庫県明石市で同じ市内に住む長男・勇人さんは「オカンは〝私は元気です。元気だけが取り柄です〟が口癖。派手だとよく言われるようですが、昔からそうだったので僕も派手だと思っていません」と断言した。

29歳の頃の別所選手

息子2人に孫3人。年齢、立場は〝おばあちゃん〟だが、精力的な姿は年齢を超越した魂のエネルギーを放射している。

「私は普通にしてるだけ。好きなことを一生懸命やっているだけ。アハハ」

人なつっこい笑顔は、悲しみを味わったからこそ得られる強さに裏打ちされていた。

太平洋戦争の終戦から2年後、広島県で石工を生業とする父のもとに生まれた。就職で大阪へ引っ越し、夫となる勇さんと出会って大恋愛の末に20歳で結婚した。「まだ若すぎる」という親の反対を押し切り、駆け落ち同然で所帯を持った。そのため、成人式の写真はない。

2人の男の子を育てながら、地元きってのスポーツウーマンとして活躍した。ソフトボール、ママさんバレーボールなどスポーツは何でもござれ。子どもの運動会では、保護者参加のリレーでお父さんたちを差し置いてアンカーを務めていた。

スポーツだけでなく、日頃から活発な女性だった。当時は珍しかった真っ赤なバイクを乗りこなし、髪型はピンクのカーリーヘア。当時から外出時のフルメークは欠かさなかった。

息子たちにとっては、担任教師から「キレイなお母さんやな」と褒められる、自慢の母親だった。料理は上手だが、基本的に味見をしないため時々砂糖と塩を間違えるおっちょこちょいも御愛嬌。元気いっぱい、最先端を行くオシャレなお母さんだった。

しかし、39歳の頃、夫・勇さんがくも膜下出血で他界した。享年43。普段から笑顔を絶やさない別所だったが、アルバムに残るこの時期の写真はうつむいている。

何事にも張り切る妻の行動に目を細めたり、暴走した時は「もう、その辺にしとき」とたしなめてくれたり。初恋を成就させたはずの夫はいなくなった。

その3年後の89年、今度は別所ががんに冒された。尾てい骨近くにある仙骨の中に腫瘍が出来る難病「仙骨巨細胞腫」にかかり、26時間にも及ぶ大手術に臨んだ。

当時は携帯もSNSもない中、何とか力になりたいと約70人もの友人、そのまた友人が輸血に協力してくれた。地元・広島県の実家周辺では、地域内の有線放送で輸血の立候補者募集を呼びかけ、広島から駆けつけた人もいたという。

大手術を乗り切って一安心もつかの間、1年後に再発した。

2度目の手術は病巣の仙骨を除去し、両足から採取した骨に長さ約20㎝の金属プレートをつけて患部へ移植する予定だった。

再び大量の輸血が必要となり、今度は86人が大集結。手術も前回を上回る34時間にわたり、処置中に2度心臓の鼓動が止まった。

医師団が心臓への電気ショックを繰り返しても、帰ってこない。手術室に諦めが色濃くなる中、〝これで最後〟としてチャレンジした一撃で蘇った。

「生きなさい、という神様からのメッセージだったと思うんです。あとは、主人が見守ってくれたんかなあと思ったりします。心臓が止まった時のことは全然記憶がないんです。よく三途の川とか、きれいな花が……なんて言われますが、川も花も、何にも流れなくて」

手術室からストレッチャーが出てきた。廊下で待っていた息子2人は駆け寄ろうとした。

「あれ、誰やろな」

「何か、おでこが広いし。おかしいな」

一瞬、別人に見えた病人は長時間にわたる生死をかけた手術の末、本来の美貌が分からないほど顔がパンパンに腫れた母だった。

2度目の手術後、一時寝たきりになった。入退院を繰り返し、自宅療養時は全身に激痛が走って、当時23歳だった長男・勇人さんにおぶってもらいながら救急病院へ駆け込んだ。それが毎晩のように続いた。両足の感覚はしびれたまま。それは現在も変わらない。

術後2、3年間は勇人さんの車に同乗する生活だった。体調は徐々に回復し、車いすに乗って日常生活をこなせるようになった。自動車の運転免許を取得し、障害者高等技術専門学校へ通ってアクセサリーを加工する技術を習得した。

ワインレッドの愛車を購入してからは、さらに活動範囲が広がった。神戸市役所内の喫茶店でレジ打ち勤務するうち、本来の明るい人柄が発揮されるようになり、お客さんから「あの人、店のオーナーなんでしょ」と間違われるほど〝店の顔〟となった。

卓球とは、45歳の時に出合った。新聞記事で障がい者スポーツの存在を知り、実際に体育館へ見に行ったところ、車いすバスケットボールをプレーしている人がいた。

その人は足が片方ない状態で、右手もなかった。

いや、残された片方の足で体のバランスを取り、残された左手でプレーしていた。

「私は手も足もあるやん、私には何ができるかなと。とても勇気をもらいました。生きるって、すごいことだなと思いますね。命って大切。目標も大切だと思います。目標があったら、つらいことも吹っ飛んでしまって、なんか私、車いすになって本当に幸せですもん。胸を張って言えるくらい。良かったですよ。おばさんは普通、こんな経験できないですもん。こたつでミカン食べながらテレビを見てる私と、卓球で必死になって鬼の形相で試合してる私を比べたら、やっぱり今の私が私らしいかな」

走り出したら止まらない。イノシシ年生まれの別所は朝から晩まで卓球のことを考え、練習に励んだ。練習は兵庫県姫路市のクラブチームを拠点とし、卓球を始めて7年目の99年には初めての国際大会に出場した。そのフェスピック大会（現在のアジアパラ）で海外選手のレベルの高さを知ったことで、さらにのめり込んだ。パラリンピックには04年アテネに56歳で初出場。以降の08年北京、12年ロンドン、16年リオでは3大会連続5位入賞を果たした。

日常生活から卓球上達のための工夫を凝らしている。独り暮らしの部屋には、毎年初めに自分で「今年の漢字」を決め、墨で一筆、壁に張り出して気合を入れる。お手玉の袋には数字を書き、ジャグリングしながら数字を判別。迷路の本を買って目で追う。

いずれも動体視力を養うためだ。また、「絶対にこぼしたくない」という状況に自分を追い込むため、バランスボールに腰かけながらコーヒーを飲む。

車の運転時は閉じた両太腿にゴムを巻き、両膝を外へ開いて内転筋のトレーニング。右脳、左脳を鍛えるべく、右利きであるにも関わらず、時には左手で箸を使って食事を摂る。

「脳は鍛えないとね。アホなんで、もっと賢くなりたいんですよ。アハハ」

17年の〝マイ漢字〟は「飛」。リオが終わっても「飛び回って行きますよ！」という決意表明だ。長男・勇人さんが母を漢字1文字で表すとしたら「進」なのだという。「イノシシみたいな人です。決めたらすぐ行動を起こして進んでいっちゃいます。真っすぐな人ですから」

息子たちがハラハラする猪突猛進ぶりを見せる一方、心配りを欠かさない人でもある。試合時に髪を無数に彩る蝶のヘアアクセサリーは、契約してくれた用具メーカー「バタフライ」への感謝。誰かに会いに行く時は必ず明石市のお土産を持参する。

講演会では、サインを記した卓球のボールを観衆に配布する。リオで髪に飾った蝶の数は39個。サンキューの意味を込めた。

「私は元気です」という口癖。入院当時、病床で作ったクロスステッチのクッションは今でも、手元に残している。人生で最もつらかった経験は、現在の別所を形作る財産となった。

障がいも年齢も関係ない。70歳を目前にして、大きな目標がある。

「将来の夢があるんです。自分の卓球場が欲しい。障がいがある人も健常の人も、みんなが集まって練習できるような。卓球台が2台くらいあって、バリアフリーでお泊まりもできる。駐車場が3台もあったら、いろんな人が来たり、地域の人も来てくれるでしょ？　無料で卓球をしてもらって、指導者の人にも来てもらう。ヘタでも初めてでも関係ない。……宝くじが当たったら作れるんだけど、誰かいませんかね？　あしながおじさん。ええ、よろしくお願いします」

人生で同じ時間を費やすなら、泣くよりも笑っていたい。

「〝できない〟じゃなくて、〝できたことを喜ぶ〟ことが大切だと思うんです。同じ人生ですからね。走り出したら、できるところまで行こうかなって。走ってる方が生きてるって感じがしませんか?」

【プロフィール】べっしょ・きみえ。1947年12月8日、広島県山県郡出身。広島県立加計高卒業後、敷島製パン入社。結婚後に兵庫県明石市へ。04年アテネでパラリンピック初出場。08年北京からは3大会連続5位。用具メーカーは卓球の名門・株式会社タマス。所属は日本郵政グループ。総合リハビリテーションセンター体育指導課所属。17年現在、勤務先では練習後に夜勤を務めている。1m60、52kg。

5大会連続出場の2mハイジャンパー

鈴木　徹

陸上

高跳びは挑戦する気持ちを常に持っていないと負けてしまう
必ず失敗で終わる残酷な競技
ゴールはない
でも、失敗が次のスタート

「入院先の看護師と結婚しました。……彼女を狙って事故ったわけじゃないですよ」

「義足には、脚っぽく見える肌色のカバーはつけない方が格好いい。僕のことをゴレンジャーだと思っている子供もいるので」

義足アスリートのパイオニアであるハイジャンパー・鈴木徹は、自身の過去や障がいについてジョークを交え、周囲を笑わせる。

絶望したことはないという。「事故に遭って良かった」とさえ言い切る。その境地に至るまでに味わった喪失感は、既に自分の中で昇華した。

走り高跳びは跳躍後、頭を後ろに傾けて腰を浮かし、あとはリラックスして「待つ」。一瞬、止まっているようにも見える空中姿勢は、余分な力を抜くことで生まれる。

自然体。

事故で右足を失った後、幾多のハードルを軽やかにクリアし、プラスに変えてきた。ハイジャンパーが宙で描く美しいアーチは、鈴木の生き方そのものだ。

将来を嘱望されていた。中学から始めたハンドボールで頭角を現し、高3の国体では全国3位の成績を残した。筑波大へのスポーツ推薦入学が決まり、日本代表も目指していた。

しかし、高校の卒業式の1週間前、人生が一変した。

厳しかった部活動から解放され、束の間の青春を謳歌していた。連日、アルバイトや夜遊びに明け暮れた。限度を知らなかった若者はその日も友人らと夜を明かし、免許を取得したばかりの車を運転していた。

居眠りをしていたことに気づいたのは、ガードレールに衝突した時だった。右足に重傷を負い、緊急手術が行われたが、ほどなく壊死が始まった。その後も状態の改善は見られず、事故から1週間後、膝下11㎝を残して右足を切断した。

1999年3月、卒業式の日のことだった。

「自殺してしまうのではないか」。心配した両親は毎日、病室に泊まりに来たという。しかし、本人は運命を受け入れていた。「事故は全て自分のせい」。大学側が入学を取り消さず、休学扱いにしてくれたことも希望となった。「義足をつけてハンドボールをする」。既に先を見据えていた。

「自殺なんて一切、考えていないんですよ。他のみんなも、お見舞いには〝覚悟〟を決めて来るんですけれど、僕はいたって普通で。逆につらいところを見せなきゃいけないのかなというくらいでした」

ハンドボール選手として復帰するため、スポーツ用の義足を探し求めた。入院していた病院から、競技用義足の日本第一人者である義肢装具士・臼井二美男氏を紹介され、彼が勤める財団法人鉄道弘済会義肢装具サポートセンターに転院。義足をつけてリハビリを始めた。

すぐに歩けるようになると思っていた。しかし、しばらくは松葉づえで歩くのがやっとだった。

「義足をつけても何もできない。それはちょっとショックでしたよ。でも、周りでは高齢者の方が義足で普通に歩いていましたからね。負けられないじゃないですか。まだ19、20歳ですし」

蹉跌《さてつ》を味わったが、途方に暮れることはなかった。スポーツ選手として復帰する。その目標が背中を押してくれた。

ターニングポイントは、事故から約1年後に訪れた。臼井氏の指導の下、徐々に走れるようになっていた鈴木は東京・八王子市にある中央大の陸上競技場に赴いた。

久しぶりに１００ｍを全力で走った。20秒近くもかかった。高校時代は11秒台だった。

上肢または下肢を切断した場合、関節から先をあまり残さずに切断するケースを「短断端」、逆に長く残すケースを「長断端」と呼ぶ。鈴木の場合は膝下11㎝から切断した「短断端」であるため、より多く筋肉が残された長断端の選手と比べると足の振りが遅くなるのだ。

瞬発力が必要不可欠、かつ前後半合計で60分間を走り回るハンドボールは厳しいと悟った。

その時だ。

傍らにあった、走り高跳びセットが目に入った。小、中学時代に経験があったことから、遊び半分で挑戦してみた。大人になってからは初めてチャレンジしたにも関わらず、１ｍ65を軽々と跳んだ。当時、パラ陸上の日本記録は１ｍ50だった。

「〝走り高跳びの選手という人生もある〟。すぐにそう思えましたね。競技、種目は関係ないんですよ。全国3位になって、大学が決まったからハンドボールだろうとは思っていましたけど。例えば、途中でバスケットボールがうまくいっていたら、バスケで代表を目指していたかもしれません。なので、ハンドボールが難しくなり、ちょっと横にスライドしてみたら陸上があって。〝あっ、この道かな〟という感じでした。特に自分で何かを乗り越えたという感覚はないですね」

ハンドボールには青春をかけてきた。しかし、それは手段であって、大きな目的ではない。夢はあくまで「日本代表になること」。アスリートとしての前途が開けた。

以降、本格的に走り高跳びに取り組み、次々と日本記録を更新。00年4月には大学に復学し、当初予定のハンドボールではなく陸上部に転部した。同年5月の日本選手権でも1m81をマークして自身が持つ日本記録を塗り替え、その夏に行われたシドニーパラリンピックへの切符をつかみ取った。

「日本代表になる」。手段ではなく、大きな目標を自然体で目指したことが夢を呼び込んだ。本番でも6位入賞。事故からわずか1年半のことだった。

さらに、ある〝常識〟も塗り替えた。パラリンピックに出場する日本人は96年アトランタまで、車いすもしくは視覚障がいクラスの選手に限られていた。義足で激しいスポーツをすること自体、日本では考えられなかったのだ。

「シドニーの時は、切断の日本人選手は僕ともう1人しかいなかったんですよ。日本における義足選手の歴史はまだ浅いですけれど、だんだん競技をする人数が増えてきているので、嬉しいですね」

パイオニアだからこそ先輩面をせず、競技レベルの底上げを図る。

「みんなで意見を出し合ったりして、年齢関係なく楽しんでいきたいですね。昔ながらの〝パン買ってこい〟みたいなことも、やったことないですし」

新たな道で一躍、トップランナーとなった鈴木は、00年シドニーから12年ロンドンまで4大会連続でパラリンピックに出場し、その全てで入賞を果たした。06年には、日本人で初めて2mの大台を跳んだ。世界でも3人目の快挙だった。日本人初の義足プロアスリートにもなった。

日本代表としての輝かしい活躍。しかし、「事故に遭って良かった」と言い切る理由は、これだけではない。

一つは、つくろっていた自分から解放されたこと。トークに定評がある現在の鈴木からはなかなか想像できないが、ハンドボール時代は、実は吃音症に悩まされていた。

話したいが、失敗する恐怖が先立ち、なかなか言葉を口に出すことができない。「言葉で表現できないなら、体で表現する」と誓って、よりスポーツに打ち込んでいた。

「でも、事故に遭って、それでは解決できないことがたくさん出てきたんです。足も失ったし、義足のことも知らないし。それで、先生や看護師さんとちょっとずつ話をするようになって、徐々にうまくしゃべれるようになっていったんです。事故後もやるべきことは変わりませんでしたが、性格は正反対になりましたね。もともとの自分が出せていると思います」

もう一つは、最愛の伴侶を見つけたこと。

夫人は、事故の際に搬送された病院の看護師だった女性だ。夫人との間には、2人の子どもも授かった。

パラアスリートは、医療関係者と交際することが多いという。鈴木の場合も、長く歩くことができないなど、デートをするにも制約があった。

しかし、現場でさまざまな経験を目の当たりにしてきた医療関係者にとって、義足であることは大きなハードルではないという。

「大したことないですよ、僕らなんか。正直、彼女から言われましたもん。〝足一本くらいどうってことない〟って。それくらい普通に接してくれるので、僕らも普通というものを取り戻せるんですすよね」

現在、37歳。アスリートとしての幕引きを考える年齢に差し掛かったが、いつまでも周囲を驚かせていたい。

「どこまでいけるんだろうという自分に対してのワクワク感がありますし、〝まだまだいける〟という可能性だけは自分に持たせていきたいですね」

実際に〝ベテランらしい練習〟が奇跡を生んでいる。2mの壁を破った翌年の07年に膝をけがして以降、一度も大台を超えることができなかった。けがもなかなか完治しなかった。セカンドキャリアの道も考え、一時は卒業した高校の系列大学である駿河大ハンドボールの監督も引き受け、二刀流をこなしていた時期もあった。

しかし、体力よりも技術を追い求めた結果、大仕事をやってのけた。15年4月ワールドGPブラジル大会（サンパウロ）で2mを跳び、06年以来の大台突破を果たした。同年5月の山梨県陸上選手権で自らの日本記録を更新する2m01をマーク。さらに翌年のワールドGPブラジル大会（リオデジャネイロ）では、さらにそれを01㎝上回った。2mジャンパーに返り咲いただけでなく、常時2m超えを期待できるまでに成長した。

「疲労が残りやすくなる分、無駄な練習をしなくなりましたね。走り込みや、重い負荷をかけての筋トレも全くしません。その分、技術系の細かいところに力を入れるようになったら、記録も伸びていきました」

16年リオは、再覚醒の集大成として位置付けていた。しかし、成績は1m95で5大会連続入賞こそ果たしたが、2大会連続となる4位。自己記録と初の表彰台には届かず、「悔しい。まだまだ力不足」と無念さをにじませた。

まだまだ、自分への可能性は捨てていない。現在は再び陸上に専念。20年東京があるからだ。リオ後から既に、跳躍技術にさらに磨きをかけている。

「高跳びの魅力は自分のバーの設定をどんどん上げていけること。それに向かって突き進むので、挑戦する気持ちを常に持っていないと負けてしまう。必ず最後は失敗で終わる残酷な種目。本当は成功して終わりたいけれど、成功するとやっぱり次の高さにチャレンジして……。ゴールがない、失敗が次のスタート」

17年5月。シーズン初戦となったワールドGP米国大会（アリゾナ）で1m90をマークして快勝した。同年7月には世界選手権（英国・ロンドン）で2m1を跳び、銅メダルを獲得した。

自然体のフォームが描く美しいアーチは、20年へつながる架け橋となる。

【プロフィール】すずき・とおる。1980年5月4日、山梨県山梨市出身。駿台甲府高校―筑波大。1m79、64キロ。障がいクラスは片足下腿義足選手によるT44。SMBC日興証券所属。高校卒業直前に交通事故を起こし、右膝下を切断。00年に出場した初の公式大会で1m74を跳び、当時のパラ日本記録を更新する。パラリンピック初出場となった00年シドニー6位をはじめ、04年アテネ6位、08年北京5位、12年ロンドン4位、16年リオ4位と出場全大会で入賞を果たした。短距離でも活躍し、12年ロンドンでは4×100mリレーで4位に入賞した。17年世界選手権で銅メダル。自身の経験を生かし、全国各地の小中学校などで講演活動も行っている。

マーダーボールのエース

池崎大輔

ウィルチェアーラグビー

障がいを持って、なかなか一歩を踏み出せない人
そういう人たちに希望や夢を与えなきゃいけないし
与えられる人間になりたい

パラスポーツに携わる人なら、誰もが知る言葉がある。「障がい者スポーツの父」と呼ばれるドイツ人医師、ルートヴィヒ・グットマン。パラリンピックの礎となったアーチェリー大会を主催し、第2次世界大戦の傷痍軍人たちに繰り返し伝えていたという基本理念だ。

「失ったものを数えるな。残されたものを最大限に生かせ」

語り継がれたメッセージは、やがて世界共通の理念となった。

ウィルチェアーラグビー選手の池崎大輔は6歳の時、国指定の難病「シャルコー・マリー・トゥース病」を発症した。

末梢《まっしょう》神経が侵され、手足の筋力が徐々に低下する進行性の病気だ。四肢の力は年々弱っていく。２０１６年リオ当時は、握力もほぼゼロ。スマートフォンを操作するため、指の代わりに画面に鼻を押し当てることもあった。

しかし、コートに上がれば、マーダーボール（殺人球技）の異名を持つほど激しく、過酷な同競技で戦う。屈強な外国人選手を相手に、日本代表最強のポイントゲッターとして。

世界と戦うために、病気の影響が出ていない上腕と体幹を徹底的に鍛え上げた。それらが生み出すスピードと突破力は、自身の持ち点である３・０クラスで世界屈指といわれる。

現役ナンバーワンプレーヤーの呼び声高い豪州のライリー・バットも「彼にはスピードと技術があり、対戦するたびにうまくなっている。自分も頑張らなくてはと思える」と一目置く。

プレーの際、効かなくなった握力は、グローブや滑り止めで補う。「物の力を借りながら競技力を上げています」。

巧みな車いす操作も持ち味。華麗なターンで相手守備陣を切り裂く。ワールドクラスともいわれるチェアワークは、瞬発力と絶妙なブレーキングによってもたらされる。必須アイテムは肘上から手首までを覆うサポーター。ブレーキは、肘から先をタイヤに当ててかける。

「残されたものを最大限に生かせ」

まさに、体現者だ。

小学校の高学年になる頃には、病気の影響で足首が「ぶらんぶらんの状態」になった。装具を着けて固定したが、自分の足につまずき、転ぶようになった。やがて歩行が困難になり、握力も低下していった。それでもスポーツは大好きで、高2から車いすバスケットボールを始めた。

15年間、夢中で競技に打ち込んだ。しかし、ここでも病気の壁が立ちはだかった。手の力が弱まっていくにつれ、思うようなプレーができなくなっていったのだ。

夢や目標を失いかけていた30歳の時、ウィルチェアーラグビーと出合った。

ウィルチェアーラグビーはバスケットボール、ラグビー、アイスホッケーなどの要素を取り入れた車いすの団体競技。パラリンピック競技の中で唯一、車いす同士のタックルがルール上、認められている。

〝ラグ車〟と呼ばれる専用の車いす同士がぶつかる衝撃はすさまじい。衝突の勢いで車いすごとひっくり返ることは珍しくなく、大けがにつながる危険性もはらんでいる。マーダーボールと呼ばれるゆえんであり、その迫力こそが競技の〝華〟となっている。

参加する人の多くは頸髄損傷など重い障がいを持っている。選手は障がいの程度により、0・5から3・5まで0・5刻みの7クラスに分類され、試合には計8点以内で4人が出場する。障がいが重い選手ほど持ち点が低く、池崎が属する3・0クラスは、2番目に障がいが軽いクラス。持ち点が高い選手は「ハイポインター」と呼ばれ、攻撃の軸になることが多い。

試合は縦28m、横15mのバスケットボールのコートを使用。ボールは、バレーボールを基に開発された専用球が使われる。健常者のラグビーと違い、前方へのパスが認められ、ボールを持った選手がゴールラインに乗るか通過すると1点になる。

激しい車体の衝突音。闘志むき出しの選手たち。障がいが重い選手と軽い選手の連携や駆け引き――。知人の勧めでこの競技を体験し、すぐにとりこになった。ボールが軽いこと、タックルが認められているため、車いすのブレーキをかける場面も少ないことも背中を押した。

「自分の障がいに合っている。世界に挑戦できる」

迷わず転向を決意した。

5人で行う車いすバスケで培ったチェアスキルは、同じ広さのコートで4人でプレーするウィルチェアーラグビーにおいて絶大な武器となった。ブレーキの回数が少なくなったことで、本来のスピードも解放された。華麗な車いすさばきで相手を手玉に取り、圧倒的な速さで抜き去るスーパープレーを連発。瞬く間にトッププレーヤーに昇り詰めた。

２０１０年、転向後わずか2年で日本代表に抜てきされ、すぐに攻撃の中心を担った。初の国際大会となった同年8月世界選手権では、３・０クラスのベストプレーヤーに選ばれた。日本も同大会で3位に入った。世界最高峰の舞台でのメダルは、確実に視界に入っていた。

しかし、エースとして臨んだ12年ロンドンで、転向後初めてといってもいい挫折を味わった。厳しいマークにあった大黒柱は味方とのコンビネーションを封じられ、孤立する場面が見られた。各国の選手たちも変化していた。本番に向けて集中的に鍛えてきたであろう体は、それまでとは別格の強さと速さを持っており、タックルやコンタクトのハードさも想像を超えていた。日本は初の準決勝進出を果たしたものの、45―59で豪州に敗れ、3位決定戦でも強豪の米国に43―53で屈した。

メダルを逃した直後、「ここに来た意味がない」と声が震えた。以降の日々で「1日も忘れたことがない」というほどの悔しさが胸に刻まれた。

試合中はファイティングスピリット全開で、味方に対して激しく意見することもある。たくましい体に、「侍の気持ちを持つため」伸ばしているあごひげも相まって、とっつきにくいイメージを持たれるというが、実は照れ屋の人見知り。普段は仲間を大切にするナイスガイだ。よきパパでもある。17年に5歳になる長女のななちゃん、同じく3歳になる長男の一《はじめ》くん、16年8月に誕生した次男・瑛斗《えいと》くんの3人で、遠征中に電話で話す時は周囲もはばからず〝赤ちゃん言葉〟になってしまうという。

家族は癒やしの存在であり、勇気とパワーの源なのだ。

一方で、「自分はいい父親ではない」とも。遠征などで家を空けることも多く、寂しい思いをさせていることが心苦しいという。

だからこそ手に入れたかったパラリンピックのメダル。子供たちが誇れる父親になるために。支えてくれる妻に捧げるために。

ロンドンでの悔しさをバネに、努力にさらに拍車がかかった。負荷をかけた走り込みや坂道ダッシュを繰り返し、実践的なスピードと瞬発力をさらに高めた。単身、海外の強豪チームの練習に参加して武者修行に励むなど、技術と精神力も鍛え上げた。

傍らで、病気は進行していった。握れていた箸も持てなくなったが、日本が誇る点取り屋は笑い飛ばす。

「障がい持ってるから何？　みたいな。もう、何でもできちゃうよ？　みたいな」

16年リオは、日本史上最強と評されるチームで臨んだ。

ロンドン後に車いすバスケから転向し、抜群のパスセンスを持つ池透暢《ゆきのぶ》とのホットラインは、豪州や米国といった強豪をも圧倒する武器となった。

池のロングパスの距離は世界でも最長クラスの20m。その先に、池崎があ・うんの呼吸で走り込む。誰も寄せ付けない〝イケイケコンビ〟で得点を量産した。

ベテランと若手も融合。15年11月に行われたアジア・オセアニア選手権で、ロンドン金メダルの豪州を撃破。16年5月のジャパンパラでは米国に連勝し、6月のカナダ杯では世界ランキング1位（当時）のカナダを倒した。

メダルは「目標」から「使命」に変わっていた。


迎えた本番。直近の世界ランキングで1位に躍り出た米国に第3戦で51―52で競り負けたものの、日本は危なげなく予選を突破。しかし、準決勝でまたしても豪州が立ちはだかった。絶対的エース、バットを止めきれずに失点を重ねた。攻撃では幾度もチャンスを作ったが、相手の激しいプレッシャーからペナルティを繰り返した。57―63の完敗だった。

しかし、日本代表の闘志は消えなかった。メダルを獲りたい理由があった。

3位決定戦の相手はカナダ。日本は気迫を前面に出した前線からの守備で主導権を握ると、〝イケイケコンビ〟を中心に得点を重ねた。リードして迎えた終盤は冷静にリスクマネジメントに徹し、52―50で歓喜の瞬間を迎えた。

試合終了と同時に、池が猛スピードで駆け寄ってきた。抱き合うためだったが、勢い余って車いすごと転倒した。

「みおとなながついてるよ」

車いすにかけられていた、妻と娘からのメッセージが書かれたお守りが揺れた。涙があふれた。息子の名前がつるに刻まれているトレードマークの眼鏡を外し、涙をぬぐった。

歴史に名は刻んだ。支えてくれた人たちに、メダルという形での恩返しもできた。

しかし、頂点に立ったわけではない。そこにたどり着くまで止まるつもりはない男は、「東京でさらに上を目指します」と早くも次のパラリンピックを見据えた。20年は42歳になるが「1秒でもラグ車に乗って走る時間を増やせば、それだけ自分のものになる」とさらなる成長も目指す。

前に進み続けることが存在証明でもある。

「障がいを持って、なかなか一歩を踏み出せない人もいると思う。そういう人たちにも希望や夢を与えていかなきゃいけないし、与えられる人間になっていきたい」

〝残されたもの〟で、どこまでも勇敢に戦い続ける。

池崎大輔（ウィルチェアーラグビー）

【プロフィール】いけざき・だいすけ。1978年1月23日、北海道函館市出身。北海道Big Dippers／三菱商事株式会社所属。持ち点3・0。幼少時にシャルコー・マリー・トゥース病を発症し、車いすユーザーに。高2時に車いすバスケットボールを始める。30歳でウィルチェアーラグビーに出合い、転向。10年に日本代表に選ばれ、パラリンピックは12年のロンドンで初出場。16年リオで銅メダルを獲得。

雪原の王
新田佳浩
クロスカントリースキー

苦しさを今、楽しみたい

もしも世界で「過酷なスポーツランキング」があるとしたら、クロスカントリースキーは上位に来るだろう。

ゴールした選手はみな倒れ込み、息切れというレベルを超え、呼吸困難にも似た短い呼吸を繰り返す。かかとが浮く幅4㎝ほどのスキー板を蹴る太腿には乳酸がたまり、滑っている間はつらら状態に陥る鼻水、よだれも気にしていられない。気温は零下でも、体にピタリと沿うレーシングスーツからは湯気が立ち上る。

選手は自分との闘いとなる一方で、スキー板には緻密な計算を基にワックスが塗られている。専門の担当者「ワックスマン」がおり、天候、気温、雪質、コースの傾向、レース展開を分析して適したワックス数種類を板の裏側へ部分ごとに塗り分ける。滑りを向上させるグライダーワックスだけでなく、コースには登坂もあるため、ブレーキが利くグリップワックスも。

さらに、グライダー使用時には滑走性を増すために、「ストラクチャー」と呼ばれる砥石で模様のような細かい溝を方向、長さ、模様にこだわって入れる。

以前は日本だけが使用していた湿雪対応のワックス「ガリウム」があったが、ライバル国のゴミ箱をチェックするほどの情報戦の末に、他国も使用するようになってしまったこともある。ワックスが勝負を分けることもあり、実はチーム一丸となって闘っているのだ。

一見地味な競技だが、過酷かつ奥深い。


クロスカントリースキーの日本第一人者・新田佳浩はこの過酷な競技で、2010年バンクーバーで世界を獲った。得意のクラシカル種目で10㎞、そして1㎞スプリントで金メダル2個を獲得した。

98年長野で初出場を果たして以来、18年平昌に出場すればパラリンピック6大会連続出場となる。夏季競技での6大会連続出場は88年ソウル～08年北京の永尾嘉章、水泳の通算21個のメダルを獲得してパラリンピック殿堂入りを果たした河合純一（日本身体障がい者水泳連盟会長）がいるが、新田は冬季競技きっての鉄人だ。

平昌を37歳で迎えるベテランは言う。

「バンクーバーの時は、祖父は〝もう1回金メダルをかけてもらうために生きるから〟と話していました。今回、平昌は自分自身のために、金メダルのために苦しいトレーニングをしてい

ます。つらい時には〝トレーニングでこれだけつらいことをやったのに、何で今頑張れないのか〟と日々心にムチ打ってやっています」

試合も過酷なら、練習も過酷。

日本の冬が終わると雪を求めて海外合宿を張ることもあるが、夏はローラースキーで河川敷を駆け、登山で陸上のトレイルランのように険しい道を走る。本番コースの映像を取り込むことができるシミュレーションマシン「トレッドミル」で走り込み、16—17年シーズンからは標高2800mに設定した低酸素室での自転車トレーニングも導入した。

「雪原のマラソン」ともいわれる競技だけに、持久力が命。心拍数をめいっぱい上げた状態をキープした中でいかに動けるか。定期的に心拍数に伴う血中乳酸値を計測しながら、日々自分の限界をひたすら押し上げる。

雪上練習にしても、フォーム矯正にしても、結局は全身運動で滑り込むことに変わりはない。さしもの新田も、音を上げそうになることもある。

「なぜこんなにやらないといけないのと思い

ながら、〝これをやらなくてメダル獲れなくていいの？〟と聞かれるので、仕方ない、やりますと。どれくらいできるか分からないけれど、その中で苦労と苦しさを今、楽しみたいと思っています」

岡山県英田《あいだ》郡西粟倉村。鳥取県、岡山県の県境にある、面積の95％を森林が占める山村に育った。山陰地方だが、多い時で50㎝ほどの雪が積もっている時期もあり、約1カ月間は根雪。クロスカントリースキーは身近にあった。

3歳の頃、祖父・達さんが運転するコンバインに左前腕を巻き込まれた。接合するために2度の手術を経たが神経がつながらず、壊死が始まったため切断を余儀なくされた。

父に連れられて4歳でスキーを始め、小3からクロスカントリースキーへ転向した。ストックは右腕の1本だけを使い、脚力を生かして頭角を現した。中2で県代表として全国大会に出場するほどの実力を身につけた。

健常者の全国大会で活躍している少年がいる。評判を聞きつけた人がいた。パラスポーツ界で熱血監督として有名な荒井秀樹・日本代表監督だった。

荒井監督はもともとクロスカントリースキー選手で、98年長野に向けた日本代表チームの編成を一から担当していた。全国を飛び回っては逸材を探し、直接声をかけて選手をスカウト。日々アンテナを張る中で、新田のことを耳にした。

しかし、名前も場所も分からない。荒井監督が住む関東地方にストック1本で滑る選手はい

ない、北海道・東北地区ではないだろう、ならば西日本では。経験から見当をつけ、西日本の中学校が宿泊した宿舎を当たった。その中で岡山県代表の宿舎で証言を得て、新田であることを割り出した。

荒井監督は中学校に電話をかけ、「パラリンピックの代表として長野に出場してみないか」と勧誘。高校入学後に新田へ会いに行くために、岡山県の新田家に足を運んだ。

しかし、家族はパラリンピック選手になることを最初は断った。両親は新田を障がい者として育ててきたつもりも、これからそうするつもりもなかったのだ。

「ショックでしたね」。そう振り返る荒井監督の座右の銘は「情熱は磁石」。

パラリンピックはもはやリハビリスポーツの祭典ではなく、スポーツとして発展していることを力説した。健常者のクロスカントリースキーで国体に出場した自分が世界選手権で受けた衝撃を基に、家族、そして学校の先生たちにも説明して回った。

新田自身は自分の人生に飛び込んできた「パラリンピック」を別角度で見ていた。同時期に、ドイツの隻腕金メダリスト、トーマス・エルスナーの活躍をビデオで見た。21歳の時にバイク事故で左腕を失い、競技を始めた翌94年リレハンメルの10、20㎞クラシカルを制した。自分と同じ左腕がない選手の滑りはカッコ良かった。

新田は長野出場を目指すことを決めた。両親に自分から「やりたい」と言った。自宅から林野高の通学ルートは片道10㎞をスキーで下校。日本代表候補として活動する一方、高校のスキー部にも所属してインターハイ、国体に出場した。

国体では、新田の力強いストックワークを見た役員が、左のストックが折れてしまったのかと思い、レース中に代わりのストックを渡そうとしたという逸話がある。

高3になろうとする98年3月。新田は初めての大舞台に立った。五輪では日本のスキー・ジャンプチームがラージヒル団体で、モーグルで里谷多英が豪快なエアー技「コザック」を決め、スピードスケート男子500mで清水宏保がそれぞれ金メダルを獲得し、日本中がメダルラッシュに沸いた。

その閉会式が終わって21日後、アジアで最初の冬季パラリンピック開会式が、清水が金メダルを獲得したスケート会場「エムウエーブ」で行われた。

日本選手団は五輪代表と同じ紺色の代表ユニホームを着こんで入場。車いすに乗った選手たちが先に入場し、続いて立位の選手が世界の全選手に配られた桜の花束を掲げ、客席に向かって振りながら笑顔を見せた。

開会式のプロデューサーはジブリ音楽でおなじみの久石譲が務め、国歌演奏は世界的なトランペッター・日野皓正、そしてフィナーレの演目にはカウンターテナー歌手・米良美一、少女役のダンサーには神田うの、という現在も第一線で活躍する豪華な顔ぶれが出演していた。

17歳で出場した新田はスケーティングが可能なフリー種目の10㎞など個人3種目で8位に入賞。腕に障がいがある選手が出場するＬＷ８のカテゴリーに出場し、卒業後は筑波大へスポーツ推薦で入学した。

以降は世界のトップ選手へと成長した。02年ソルトレークは、定められたレーンで滑るクラシカル種目の５㎞で銅メダルを獲得。翌年の世界選手権はクラシカル10㎞で優勝を成し遂げた。06年トリノは日本選手団の開会式旗手を務めたが、レース開始早々の転倒が響き、13位と惨敗した。一時は競技を辞めようかと考えたが、祖父への思いで現役続行を決めた。

自分が運転するコンバインに巻き込まれ、かわいい孫の左腕を失くしてしまった。祖父・達さんは悔やんでも悔やみきれず、ずっと責任を感じ続けていた。

まだ、祖父に金メダルを見せていない。再び世界の頂点を目指す決意を固め、10年バンクーバーでは日本選手団の主将を務め、クラシカルの10㎞、１㎞スプリントの2種目で見事金メダルを獲得した。

帰国後、テレビ観戦した達さんの首に金メダルを描けた。孫の晴れ姿を見届けた祖父は12年11月、この世を去った。

祖父のために。目標を失い、競技への意欲を失いかけた。その新田を再び競技に打ち込ませた存在は、新しい家族だった。08年に知紗子夫人と結婚。10年に長男、13年に次男が誕生し、頑張る姿を息子にも見せたい。

新しい力を得たが、14年ソチは苦しい大会となった。開催が決まったことで、より国を挙げて強化を進めたロシア勢の台頭により事前のW杯で苦戦。本番では本命種目のクラシカル20㎞で惜しくも4位に終わった。

帰国後の成田空港では、家族が出迎えていた。ロビーを出ると、当時3歳だった長男・大翔《だいと》くんが駆け寄ってきた。「お父さん、これ」。手作りの金メダルだ。

腰をかがめて、大翔くんからメダルを首にかけてもらった。バンクーバーでは、金メダルを渡すことで祖父の後悔を救ったが、今度は息子に救われた。

すでに30代半ば。ソチでメダルを獲得して引退するつもりだった。しかし、背中を押す人がいた。

祖父は12年に亡くなる前、言っていた。

「ソチでも金メダルを目指せえよ。ワシもそれまで生きるけえな」

まだ果たしていない約束がある。「やはり、負けたくない」。18年平昌まで、再び過酷な4年間を味わうことを決めた。

苦しさに耐える4年間の繰り返し。その姿を見て、続く者がいる。

のちに10年バンクーバーで銀、銅メダルを獲得した太田渉子は、97年長野プレ大会に出場した新田の滑りを見てパラリンピック挑戦を決めた。

同じように農機具で右腕を失った男子小学生が新田の存在を知り、ソチ前には金メダルへの願いをこめて「イチイ」の木を左手で縫い込んだお守りをくれた。その男の子はクロスカントリースキーを始めたという。

誰かが背中を見ている。40歳を目前に疲労の回復度合い、反応時間などに変化を感じつつ、フィジカル面以外でもフォームの修正に努める。

レース中に体を丸めがちな癖は、パワーを伝えるためには非効率的。胸を張ることで矯正する中、以前とは異なる箇所の筋肉を鍛えることになった。また、スリップする時は必ず右足であることに着目。動作改善しながら、金メダルに向かって準備を整えている。

過酷な4年間を捧げる決意は、長年信じる言葉によって支えられている。「苦しさを楽しみたい」と言える強さ。根底にある思想とは——。

「不可能とは、可能性だ」

【プロフィール】にった・よしひろ。1980年6月8日、岡山県英田郡西粟倉村出身。東京都江東区在住。林野高―筑波大体育専門学群。日立ソリューションズの「チームAURORA（アウローラ）」スキー部所属。1m77、66kg。座右の銘は「不可能とは可能性だ」。

あとがきにかえて

田中ウルヴェ京

私は、2016年から、「PARA☆DO!」公式サポーターという立場で、フジテレビのパラスポーツ応援プロジェクトに関わっています。

本業は、スポーツ心理学を専門とするメンタルトレーニング上級指導士です。これまで様々なパラアスリートのメンタル強化に携わっています。チームでは、車いすバスケットボール男子日本代表チームのメンタルコーチをしています。

もともと私自身は、シンクロナイズドスイミングのオリンピック選手だったので、なぜ今はスポーツ心理学を指導していたり、パラアスリートの、しかもシンクロとは全く違う競技の心理に関わっているのかということをよく聞かれます。確かに、シンクロ選手だった私が、バスケットボールの男子、しかも車いすの選手のメンタルを指導するなんて、いったい何を教えているんだろう？　と思われることも多いようです。

私がメンタルコーチとして選手に関わる時、それぞれの選手の個体差や競技の違いもみますが、同時に大事な視点は、「何が違うか」ではなく「何が共通か」でもあります。特にパラアスリートの心理に関わる時には、足がないとか目が見えないといった「外的な違い」ではなく、人間に共通する「内面」に注目します。目の前の選手がオリンピック選手だろうとパラリンピ

ック選手だろうと、その人の「内面で起きている動き」こそが、その人の「あるがまま」なので、その部分との会話をします。

その意味では、選手がどんな障がいを持っておられようと、質問にためらうことは当然ありません。これまでも「PARA☆DO!」での私とパラアスリートとの対談の様子をみた方々から、「田中さんは、なぜ障がい者のみなさんになんでも質問ができるのですか?」と聞かれることも多かったですが、内面との会話であれば、外面がどういう状態の方であろうと人間同士の会話をすればいいいだけです。しかし、今はそんなことを言えるようにもなりましたが、そういった感覚がすぐにできるようになったわけではありません。

私にとって、障がいを持ったアスリートとの最初の出会いは、20年ほど前の米国の大学院です。五輪後、引退して、米国でスポーツ心理学の勉強を始めた時のクラスメートが、パラリンピックを目指すアスリートでした。当時の私は、身長が1mほどしかない彼に、どうやって接したらいいのか、彼の身体をどうやって見たらいいのかもわからなかったです。それはなぜか。当時の私にとっては、障がいを持った人は「かわいそうな人」というレッテルを貼って見ていたからです。

でも彼と出会い、様々な学びをするなかで、障がいを持っていても競技を真剣に続けている人は、なんだ、べつにオリンピック選手と一緒じゃん、と思うようになりました。「特別な存在」というよりは、「自分の限りある身体を最大限に使って自己の極限まで心身を鍛え抜きたいマニアックな人＝アスリート」という共通点を感じ、パラリンピアンの心理にも興味を持つようになりました。

そして、日本に帰国後、早いもので20年近くになりますが、元オリンピック選手としての自分の「思考域」をはるかに超える「素晴らしくカッコいい超人！」の沢山のパラアスリートと私は公私共にご一緒させてもらっています。

パラアスリートの彼らから教えてもらえることは、車いすからの腕だけなのにフリースローが決まることでもなければ、目が見えないのにサッカーゴールを決めることだけではありません。彼らからの学びは、我々人間が共通に持つ「思考や感情」の使い方の素晴らしさです。目の前の事実がどんなに逆境のように思えても、そこでどう考え、どう行動するかという「ものの見方」です。対談イベントでは、必ず最後に「京のメンタルエッセンス」として、それぞれの選手のみなさんから学んだ「気づき」を書かせていただきました。これからも、パラアスリートのみなさんの「その人ならではの魅力」をたくさん発信していけることを願っています。

【プロフィール】たなかウルヴェ・みやこ。メンタルトレーニング上級指導士／ＩＯＣマーケティング委員。１９６７年東京生まれ。88年ソウル五輪シンクロ・デュエット銅メダル獲得。10年間の日米仏の代表チームコーチ業と共に、６年半の米国大学院留学で修士取得。アスリートからビジネスパーソン、一般までメンタルトレーニングや企業研修を行う。車いすバスケ男子日本代表チームメンタルコーチ。報道番組のコメンテーターも務める。著書「99％の人がしていない たった1％のメンタルのコツ」（ディスカヴァー）等多数、ＣＤ「10分間メディテーション～毎日できるミュージック・ケア」（Della）等。夫はフランス人、２児の母。

挑戦者《ちょうせんしゃ》　いま、この時《とき》を生《い》きる。
――パラアスリートたちの言魂《ことだま》

二〇一七年一一月九日　第一刷発行

著者　フジテレビ PARA☆DO!
構成　株式会社アンサンヒーロー
発行者　古屋信吾
発行所　株式会社さくら舎　http://www.sakurasha.com
東京都千代田区富士見一-二-一一　〒一〇二-〇〇七一
電話　営業　〇三-五二一一-六五三三　FAX　〇三-五二一一-六四八一
編集　〇三-五二一一-六四八〇　振替　〇〇一九〇-八-四〇二〇六〇
装丁　石間　淳
イラスト　橋田幸雄
写真　産経新聞社
本文組版　朝日メディアインターナショナル株式会社
印刷・製本　中央精版印刷株式会社

ISBN978-4-86581-124-7